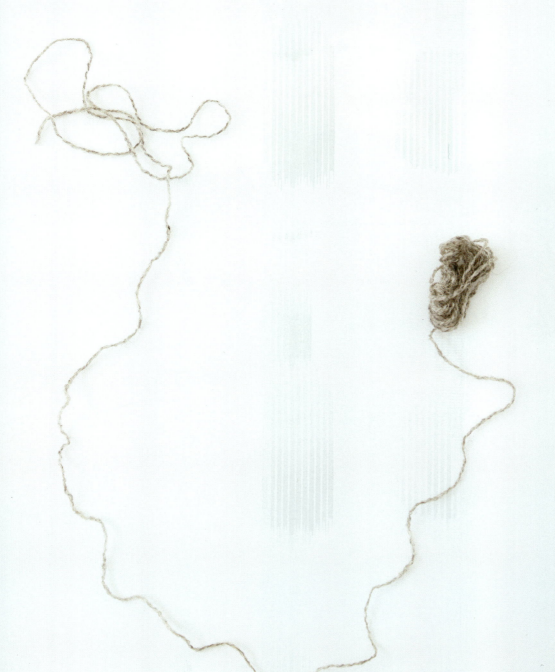

そんな日々を、

演奏するように、

遊ぶように、

つまり

プレイするように

編んだ

ニット着て、

プレイする

ように

生きる

わたし。

I
PLAY
KNIT.

contents

2   I PLAY KNIT.

6   mole
how to play p.81

10   canary
how to play p.82

14   Marilyn
how to play p.84

20   Jackie
how to play p.88

24   koalas
how to play p.91

28   pinecone
how to play p.94

32   butterfly
how to play p.97

36   yukinko
how to play p.102

40   Union Jack
how to play p.106

44   rosy
how to play p.108

48   kakigōri
how to play p.112

52   syrup
how to play p.113

56   cappuccino
how to play p.114

60   kusari
how to play p.115

64   obake
how to play p.116

70   Eden
how to play p.121

74   編み方のポイント

78   ごあいさつ

80   編み図の読み方

124   この本で使用している毛糸について

125   棒針編みの基礎

135   かぎ針編みの基礎

137   刺繍の基礎

138   index

mole
how to play
p.81

canary

how to play
p.82

Marilyn
how to play
p.84

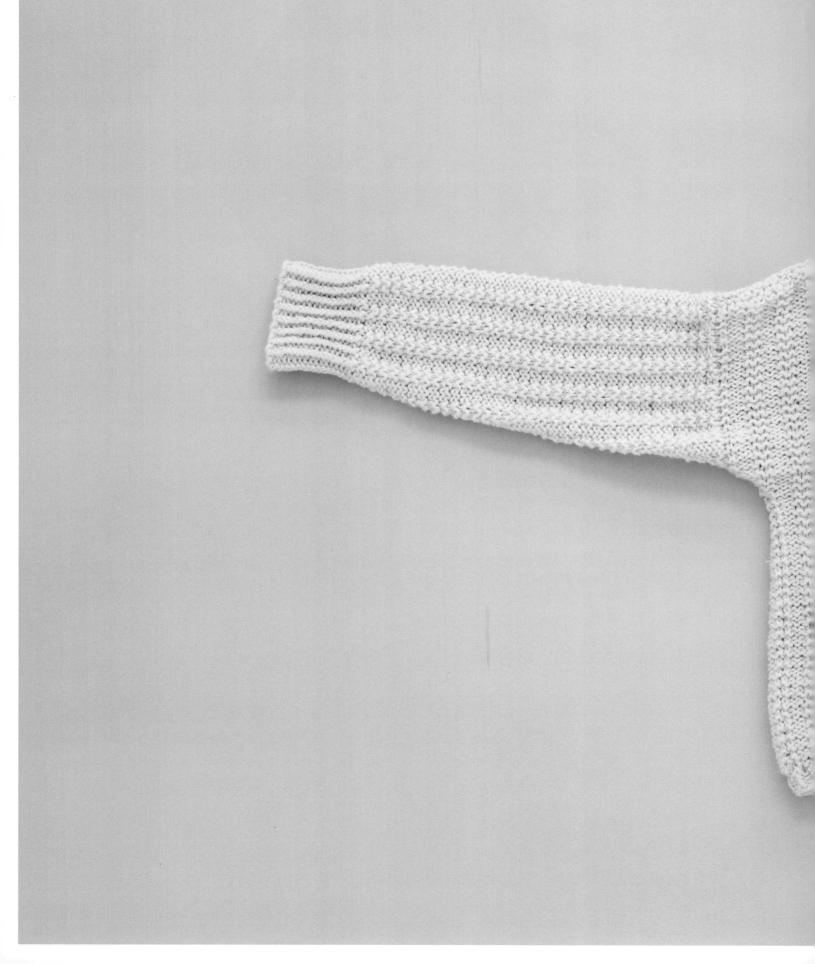

Jackie

how to play
p.88

koalas
how to play
p.91

pinecone
how to play
p.94

butterfly
how to play
p.97

34 / 35

yukinko
how to play
p.102

kakigōri

how to play
p.112

syrup
how to play
p.113

cappuccino
how to play
p.114

kusari
how to play
p.115

obake

how to play
p.116

Eden

how to play
p.121

編み方のポイント

cappuccino / p.56、p.114

模様編み

*写真では、わかりやすい糸に変えています

①
3段め（裏側）3目を表目で編みます（ここでは2目めから模様がはじまります）。

②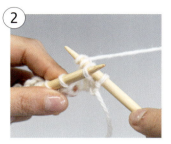
1目めに、左針を左側から入れます。

③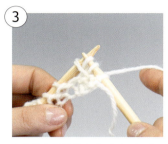
2目めと3目めにかぶせて、左針を抜きます。

④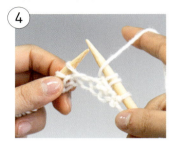
かけ目をします。1模様できました。①〜④を繰り返します。5段めの は、かけ目、①〜③の順に編みます。

縁編み

*写真では、わかりやすい糸に変えています

①
本体の裏側から拾います。模様編みのかけ目の穴に針を入れて、長編み5目を編みます。

②
針をはずして、4目手前の長編みの頭に向こうから針を入れます。

③
はずした目に手前から針を入れます。

④
③のループをそのまま引き出します。

⑤
針に糸をかけて引き抜き、鎖1目を編みます。

⑥
変わりパプコーン編みができました。

⑦
かけ目の穴に針を入れ、糸をかけて引き出します。

⑧
引き出したループを引き抜きます。

⑨
1模様できました。

⑩
①〜⑨を繰り返します。

⑪
表側から見たところ。

編み方のポイントを解説した動画を下記URLでご覧頂けます。

https://www.1101.com/books/i_play_knit/movie/cappuccino/

obake / p.64、p.116

模様編みA
あとでほどく裏引き上げ編み[6段の場合]

*写真では、わかりやすい糸に変えています

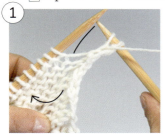
① 6段め　5段下の目に、右針を矢印のように向こうから入れます。

② 針に糸をかけて、向こうへ引き出します。

③ 左針から1目はずし、下の5段をほどきます。

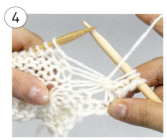
④ あとでほどく裏引き上げ編み[6段の場合]ができました。

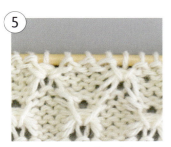
⑤ 記号図のとおりに編みます。

模様編みC
☆ = ラムズテイル模様 →4目作り目

*写真では、わかりやすい糸に変えています

① ☆の目に表目を編むように針を入れます。

② 糸をかけて引き出し、左針を矢印のように右側から入れ、右針を抜かないでおきます。

③ 作り目の1目めが編めました。そのまま、右針に糸をかけて引き出し、2目めを編みます。

④ ②と同様に左針を入れ、2目めが編めました。右針を抜かないでおきます。

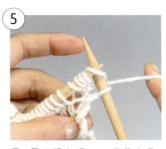
⑤ ③、④を繰り返し、4目作り目ができました。右針を抜かないでおきます。

⑥ 右針に糸をかけて引き出し、表目を編みます。

⑦ 次の目も表目で編み、⑥で編んだ目をかぶせて伏せ目をします。

⑧ 「表目で編んで、右の目をかぶせる」を3回繰り返します。

⑨ 4目作り目をして、4目伏せ目（☆）ができました。

⑩ 記号図のとおりに編みます。

編み方のポイントを解説した動画を下記URLでご覧頂けます。

https://www.1101.com/books/i_play_knit/movie/obake/

裏に渡る糸が長くなるところを絡ませる（編みくるむ）方法

＊写真では、わかりやすい糸に変えています

1　裏に渡る糸が5目以上続くと、写真のように、糸がたるんだり、つれたりするため、連続する目の真ん中で渡り糸を絡ませます。

2　ホワイトが6目続く場合、4目めで糸を絡ませて編みます。ホワイトを手前に交差させます。

3　交差させたらホワイトを右針にかけて、表目で編みます。次の目以降はホワイトで普通に編みます。

4　裏から見たところ。ロイヤルブルーがホワイトの裏側に絡んだ状態になります。

絡んだ糸

親指の編み方［両脇から1目拾う］

＊写真では、わかりやすい糸に変えています

1　休めておいた7目を針に移し、親指の1段めを編みます。

2　5目編んだら、2本めの針で2目編みます。

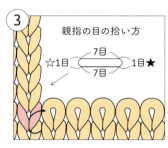

3　親指の目の拾い方
☆1目　7目　1目★
　　　　7目

4　☆のところから別針で目を拾います。

5　右針を向こうに入れ、糸をかけてねじり目を編みます。

6　ねじり目が編めました。③で拾った目がねじれます。

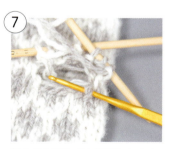

7　編み地を回して上下逆にします。巻き目で作った1目めの根元の糸2本がクロスしているところにかぎ針を入れます。

8　糸をかけて引き出します。引き出したら、棒針に移します。同じ要領で7目を拾います。

9　巻き目の7目を拾い終えたら、編み図の★から③と同様に目を拾います。

巻き目から拾った目

10　3本めの針を入れ、糸をかけて引き出して、ねじり目を編みます。

11　ねじり目が編めたところ。

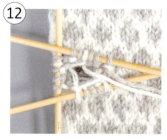

12　親指の1段めが編めました。全部で16目になります。

親指の編み方
［両脇から2目拾う］
*ここでは休み目10目で説明しています
*写真では、わかりやすい糸に変えています

1. 休めておいた10目を棒針に移し、親指の1段めを編みます。

2. 8目編んだら、2本めの針で編みます。

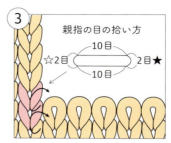
3. 親指の目の拾い方

4. ☆のところから別針で目を拾います。

5. 右針を向こうに入れ、糸をかけてねじり目を編みます。

6. ねじり目が編めました。③で拾った目がねじれます。

7. ③の1段上の目を拾います。

8. ④、⑤と同様にねじり目で編みます。

9. 編み地を回して上下逆にします。巻き目で作った1目めの根元の糸2本がクロスしているところにかぎ針を入れます。

10. 糸をかけて引き出します。

11. 引き出したら、棒針に移します。同じ要領で拾います。

12. 巻き目の10目を拾い終えたら、編み図の★から③と同様に目を拾います。

13. ④、⑤と同様に3本めの針を入れ、糸をかけて引き出して、ねじり目を編みます。同様にもう1目拾います。

14. 親指の1段めが編めました。全部で24目になります。

ごあいさつ

みなさんこんにちは。
わたしはまりこ、この本の著者です。

ハリネズミ夫人と申します。
生まれたのはスコットランドですが、
まりこがエディンバラに来た折に引き取られ、
以来東京で暮らしております。

ハリネズミ夫人はわたしの友人であり、仕事の相談役でもあるんですよ。

ほほほ。なんでも相談に乗るわよ。

さあ、「how to play」のページがはじまりますが……。
ハリネズミ夫人とわたしで編み方のコツについて
アドバイスをすることになってますね。

その前にお茶でもいかが？

いいですね。

(こぽこぽこぽ…………) はいどうぞ。

いただきます。

それにしてもまりこ、あなたなんで
「I PLAY KNIT.」なんていうタイトルにしたの？
編みものは、まりこにとっては仕事でしょう。

そうですね。
締め切りや約束事がある、という意味では仕事です。
でもね、同時に遊びでもあります。

🦔 ふむ？

👘 どういう気持ちでそれをやるか、ということなんですけど。
たとえばおままごとをしている子どもは、
自分が遊んでいるとは、きっと思っていないですよね？
お母さんになりきって「お仕事プレイ」してる。
わたしも編みものに没頭しているときは、仕事をしているとは思っていない。
形や色を調整しながら、楽しかったり、苦しかったり、
でも苦しいのも楽しくて、しばしばハイになります。
これは遊びだ、と思う。

🦔 あなた編みながら恍惚としてるものね。

👘 勘を働かせながら集中すると、
編みもの特有のおもしろさがもくもくと湧いてきて、
「うぉ～！」ってなります。
逆に適当にこなしてしまうと、自分から主体的にやる感じがなくなるから、
義務みたいに思えてきて、つまらなくなる気がします。
あとね、自分がやりたいようにやるのが一番です。

🦔 ふ～ん。
たしかに人から言われたように「やらなきゃ」と思うとおもしろくないし、
続かないってことはあるかもしれないわね。
編みものは一度はじめると、長丁場だから。

👘 はい。なのでこれから「how to play」のページの隅っこで、
作品のポイントや、何やかやをおしゃべりしていきますけど、
「ふ～ん」くらいに眺めていただけたら、と思います。

🦔 あらまあ。頼りないみたいだわね。

👘 はい。あまりおせっかいはしたくない、というか。
あなたが主人公、それがプレイの心ですから。
でも参考にしていただけたら、もちろん、とてもうれしいですよ。

🦔 お役に立てるといいわね！

※ まりこ人形は Jean Stewart さん、ハリネズミ夫人は Norma Currie さん
　（ともにスコットランド在住）によって編まれたものです。

編み図の読み方

製図の見方

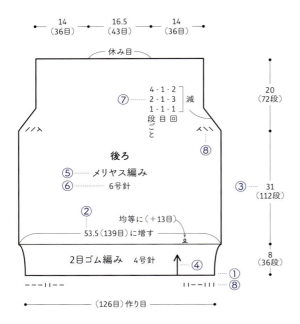

① 編みはじめ位置　⑤ 編み地の名前
② 寸法(cm)と目数　⑥ 針の太さ
③ 寸法(cm)と段数　⑦ 計算(下図)
④ 編む方向　　　　⑧ 端目の記号

記号図の見方

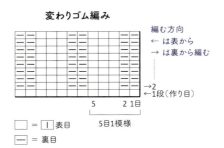

□ = ｜ 表目
― = 裏目

記号図は編み地を表から見たときの目の状態を表示しています。矢印が右から左(←)の段は、編み地の表側を見て、記号図どおりに編みます。左から右(→)の段は、編み地の裏側を見て、記号図と逆(表目は裏目、裏目は表目)を編みます。記号図上は表側を編むときは右から左へ向かい、裏側を編むときは左から右に向かいます。

計算を記号図で表した場合

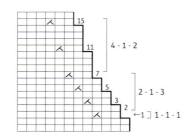

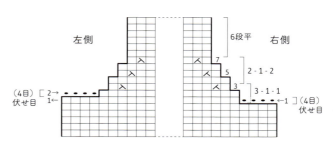

1目の減らし目［2目立てて減らし目］

「1-1-1」は1段めで1目減らします。
「2-1-3」は2段めで1目減らすことを3回繰り返します。「2目立てて減らす」とは、端の2目が立った状態のこと。ラグラン線を強調したい場合や、端の目をとじ代とする場合に、とじやすくするために使います。

2目以上の減らし目［伏せ目］

2目以上の減らし目は、糸のある側で伏せ目をしていくので、右と左では1段ずれます。右端は1段めで伏せ目をしますが、左端は2段めの裏側で伏せ目をします。1目の減らし目は左右同じ段(表側)でします。

→ p.6

mole ［透かし編みのマフラー］

生き物のような質感の、ボリューミーだけど軽いマフラー。大事な宝物を包むように、ふんわりゆったり巻いてください。糸はモヘアヤギの赤ちゃんの毛を用いていて、肌への当たりがとてもやわらかです。

［編み方］ 糸は1本どりで編みます。
26目作り目をして、模様編みで編みます。編み終わりは裏からゆるく伏せ止めにします。

- 糸　　Miknits キッドモヘア ミッドグレー 161g
- 用具　10ミリ2本棒針
- ゲージ　模様編み　9目、11段が10cm四方
- サイズ　幅29cm、長さ175cm

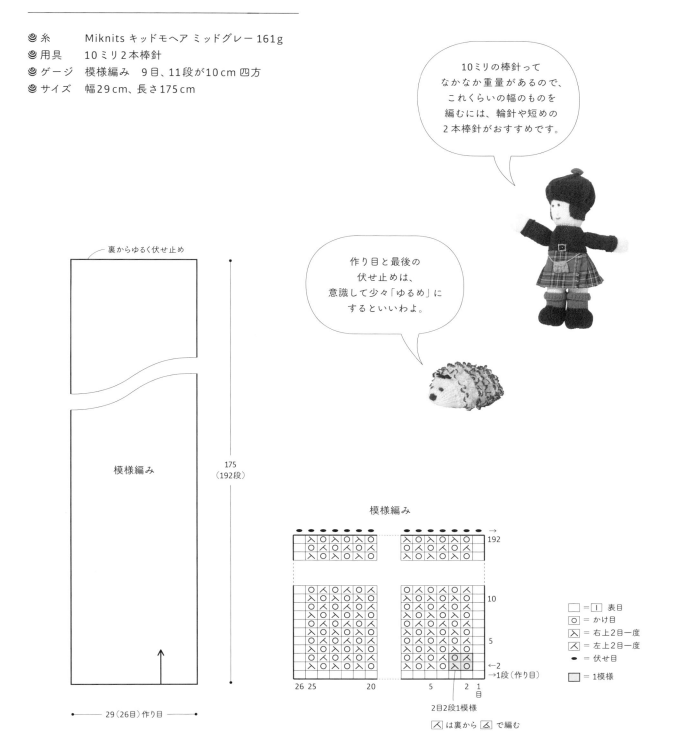

10ミリの棒針ってなかなか重量があるので、これくらいの幅のものを編むには、輪針や短めの2本棒針がおすすめです。

作り目と最後の伏せ止めは、意識して少々「ゆるめ」にするといいわよ。

□ = 表目
○ = かけ目
⋋ = 右上2目一度
⋌ = 左上2目一度
● = 伏せ目
□ = 1模様

⋋ は裏から ⋌ で編む

→p.10

canary ［透かし編みのモヘアセーター］

こんな色を着ると、寒さで縮こまった気持ちがほぐれるのを感じます。学生の頃に古着屋さんでよく見かけた、カラフルなモヘアのセーターが懐かしくて、心の中で再現しながら編みました。ふくらみのある透かし柄のおかげで、身幅の割に大変軽いですよ。

- 糸　　Miknits キッドモヘア レモンイエロー 304g
- 用具　10ミリ4本棒針
- ゲージ　模様編み　8目、11.5段が10cm四方
- サイズ　胸囲120cm、着丈63cm、ゆき丈70.5cm
  ※編み地の置き方や測り方によって、多少寸法は変わります。

［編み方］　糸は1本どりで編みます。

後ろ・前…48目作り目をして、ねじり1目ゴム編みで増減なく編みます。続けて模様編みで編みます。ラグラン線は図のように減らしながら編みます。編み終わりは休み目にします。

袖…身頃と同様に編みはじめます。袖下は増しながら、ラグラン線は減らしながら編みます。編み終わりの2目に糸を通します。

まとめ…脇、袖下、ラグラン線をすくいとじ、合印同士をメリヤスはぎの要領で合わせます。衿ぐりは、前後身頃と袖から拾い目をして、輪にねじり1目ゴム編みで編み、編み終わりは伏せ止めにします。内側に折り、ねじり1目ゴム編みの1段めにまつります。

身頃、袖とも編み地は「mole」と共通で、かけ目と減らし目を繰り返すシンプルなファゴット模様です。ラグランの斜線部分で2段に一度編み目が減りますから、目数を確認することをお忘れなく。ラグラン線は前身頃の方が後ろ身頃より4段少ないので、袖のつけ止まりも、袖山の前身頃側は、後ろ身頃側の4段手前までです。

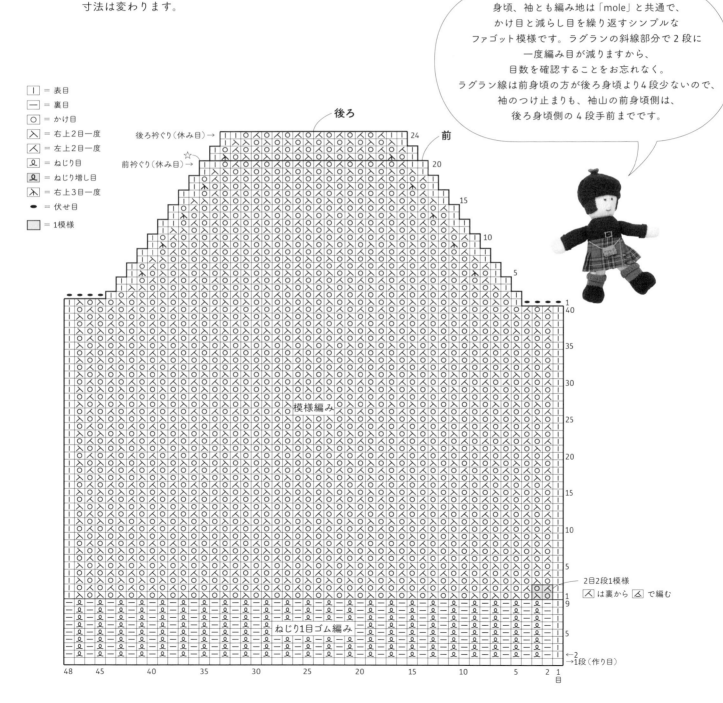

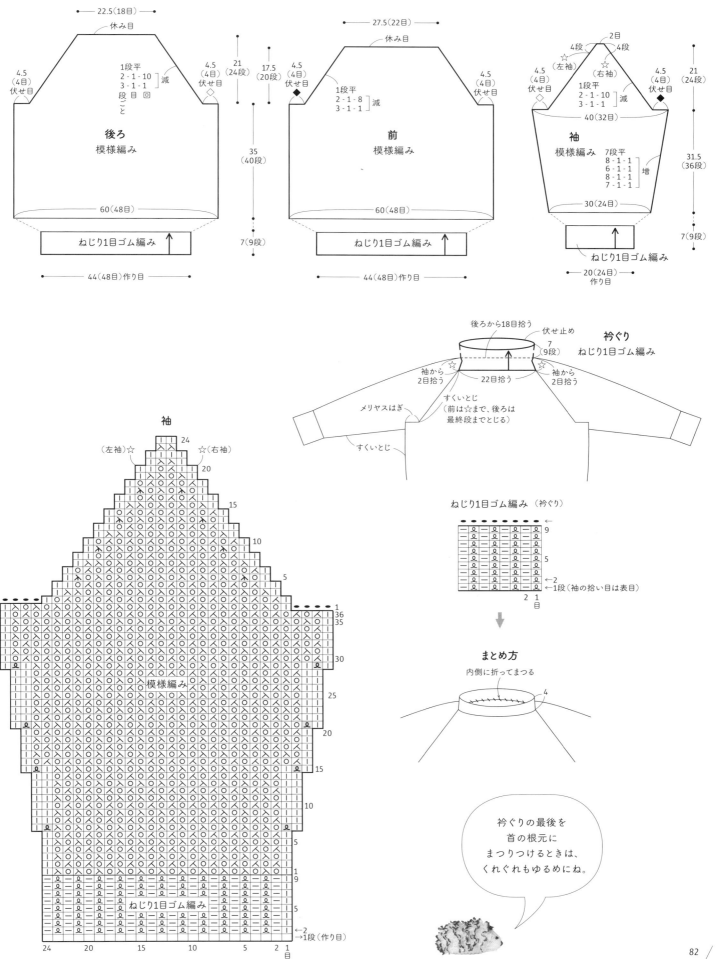

→ p.14

Marilyn ［カシミヤのケーブルセーター］

カシミヤでふんわり、身頃もゆったり。ボックスシルエットですが、とろんと重みを感じるテクスチャーが着る人の女性らしさを引き立てます。マリリン・モンローはとてもセーターが似合う人という印象があります。彼女が海辺で白いローゲージのニットを着てくつろぐ姿がとてもチャーミングで、「グラマラスな人に着てほしいニットって、たとえばどういうものだろう」という視点から作ったのが、このセーターです。

- 糸　　Miknits カシミヤ ホワイト 413g
- 用具　15号2本棒針、12号4本棒針
- ゲージ　模様編みA　17目、23段が10cm四方
　　　　模様編みB　8目が4cm、23段が10cm
　　　　模様編みC　32目が14cm、23段が10cm
- サイズ　胸囲104cm、着丈49.5cm、ゆき丈66cm

［編み方］　糸は2本どりで編みます。

後ろ…12号針で80目作り目をして、ねじり1目ゴム編みで編みます。15号針に替え、模様編みの1段めで100目に増します。図のように両脇で増しながら編みます。肩は引き返し編みで編み、衿ぐりは、中央を休み目にし、左右に分けて減らしながら編みます。編み終わりは休み目にします。

前…後ろと同様に編みはじめます。編み終わりは休み目にします。

袖…前後の肩を中表にして、引き抜きはぎで合わせます。左袖を15号針で指定の位置から拾い目をして編みはじめ、模様編みAで減らしながら編みます。12号針に替え、続けてねじり1目ゴム編みを編み、編み終わりは前段と同じ記号で編んで伏せ止めにします。右袖は左右対称に模様を配置して編みます。

まとめ…脇、袖下をすくいとじで合わせます。衿は12号針で前後から拾い目をして、ねじり1目ゴム編みを輪に編み、編み終わりは前段と同じ記号で編んで伏せ止めにします。内側に折り、ねじり1目ゴム編みの1段めにまつります。

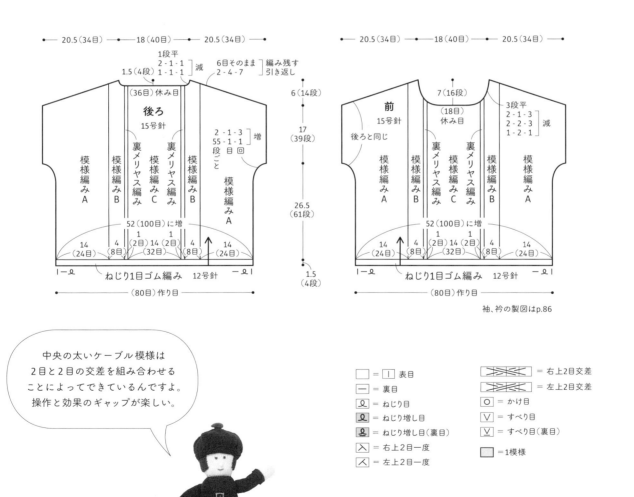

袖、衿の製図はp.86

中央の太いケーブル模様は2目と2目の交差を組み合わせることによってできているんですよ。操作と効果のギャップが楽しい。

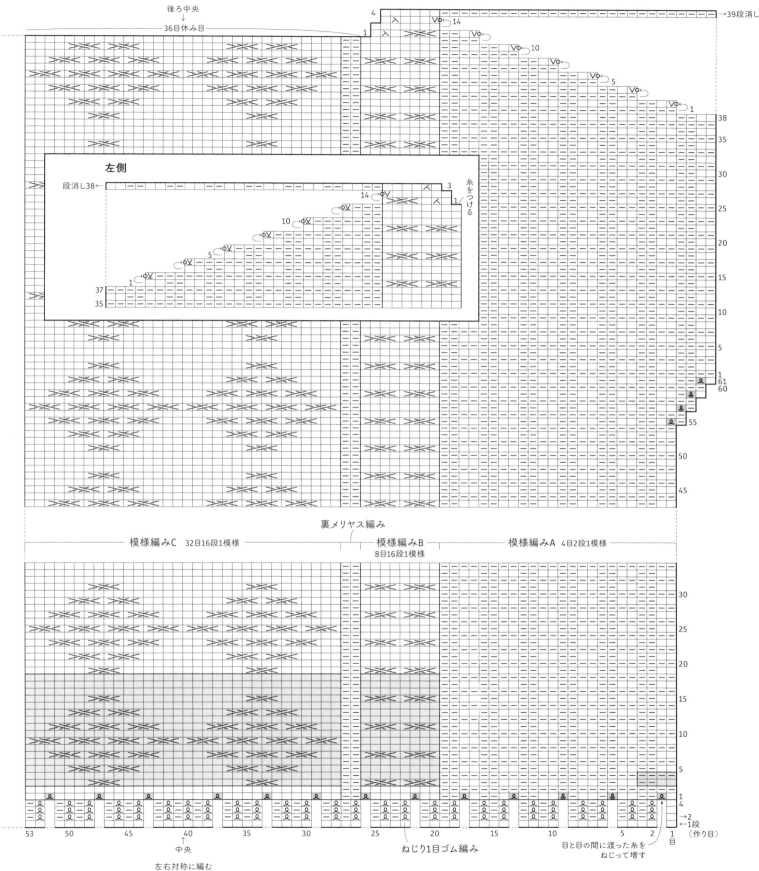

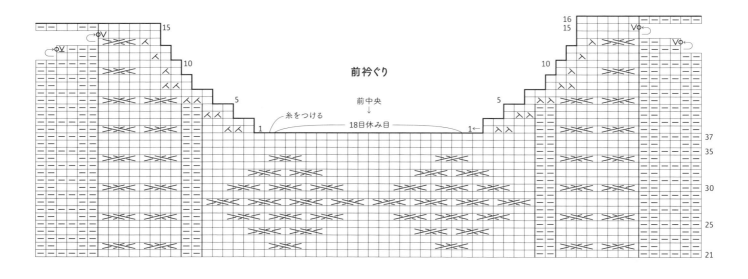

前衿ぐり

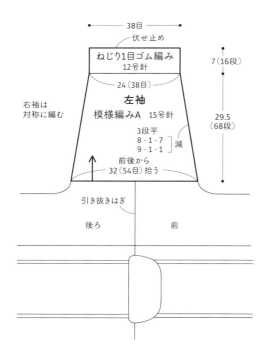

左袖
模様編みA 15号針

右袖は対称に編む

衿の編み終わりは「ゆるく」伏せ止めして、「程よい手加減で」衿ぐりにまつりつけるのが肝心。着てみたら首が通らない！ってこと、たまにあるのよ〜。

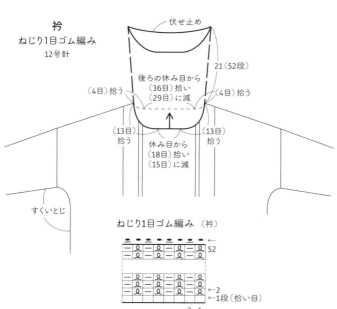

衿
ねじり1目ゴム編み
12号針

ねじり1目ゴム編み（衿）

まとめ方

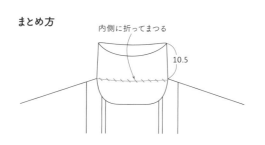

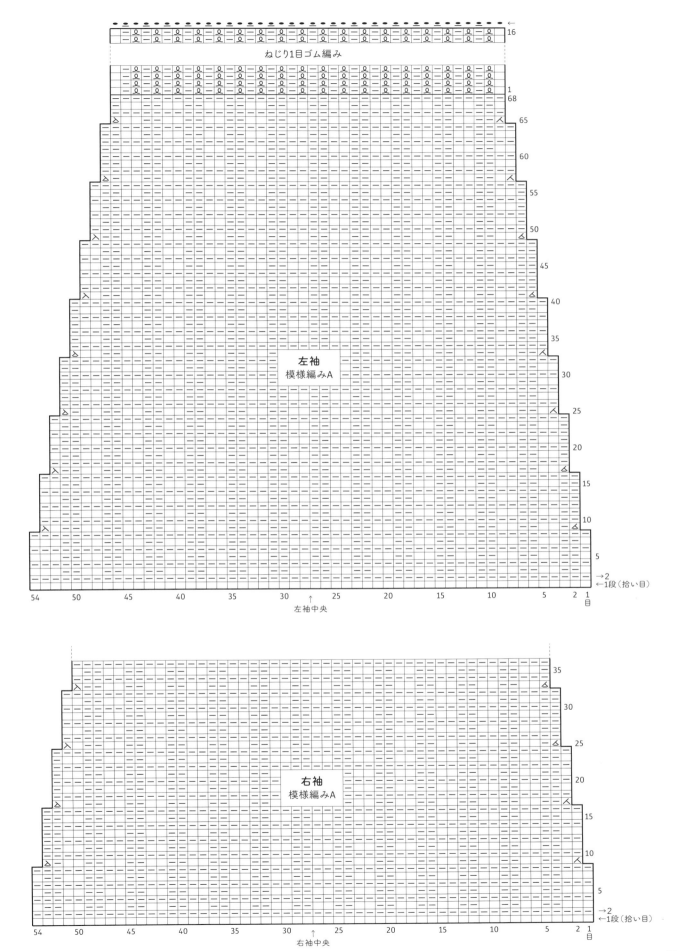

→ p.20

Jackie ［アランセーター］

ケーブル入りのスキニーなニットとジーンズで息子さんとセントラル・パークに向かう、ジャクリーン・ケネディーの写真があります。普段着だけどスタイルがあって、颯爽として、かっこいい。そんなイメージで、ジーンズにタックインして着られるような、程よく体に添うケーブルセーターを作りました。こしのあるアラン糸を使っているので、編み地の凹凸をそのまま体に受け止めるような着心地。着ると自然に背筋が伸びます。

- 糸　Miknits アラン　生成り 488g
- 用具　12号2本棒針、8号4本棒針
- ゲージ　模様編みA　16.5目、23段が10cm四方
  　　　　模様編みB　8目が4cm、23段が10cm
  　　　　模様編みC　32目が15cm、23段が10cm
- サイズ　胸囲94cm、着丈56cm、ゆき丈74cm

［編み方］　糸は1本どりで編みます。
後ろ…8号針で82目作り目をして、2目ゴム編みで編みます。12号針に替え、模様編みの1段目で88目に増します。ラグラン線は図のように端2目立てて減らしながら編みます。編み終わりは休み目にします。
前…後ろと同様に編みはじめます。前衿ぐりは、中央を休み目にし、左右に分けて減らしながら編みます。編み終わりの目に糸を通します。
袖…後ろと同様に編みはじめます。袖下の増し目は端1目内側の渡り糸をねじり増し目にします。ラグラン線は図のように端2目立てて減らします。編み終わりは休み目にします。同じものを2枚編みます。
まとめ…脇、袖下、ラグラン線をすくいとじ、身頃と袖の合印同士をメリヤスはぎで合わせます。衿ぐりは前後と袖から拾い目をし、2目ゴム編みを輪に編み、編み終わりは前段と同じ記号で編んで伏せ止めにします。内側に折り、2目ゴム編みの1段目にまつります。

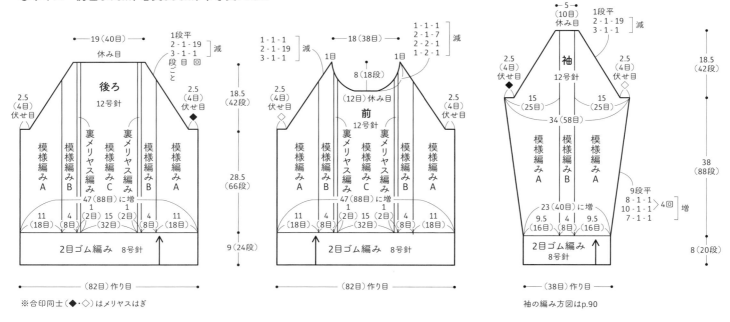

※合印同士（◆・◇）はメリヤスはぎ　　　　　　　　　　　　　　袖の編み方図はp.90

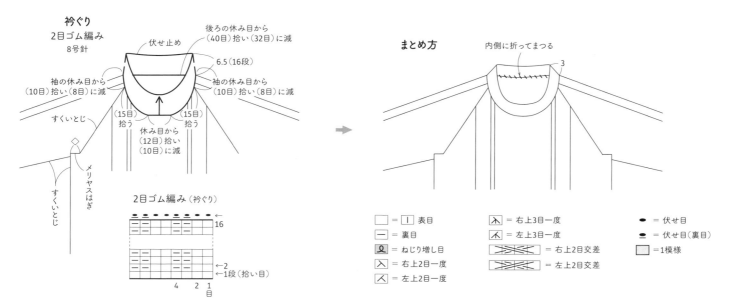

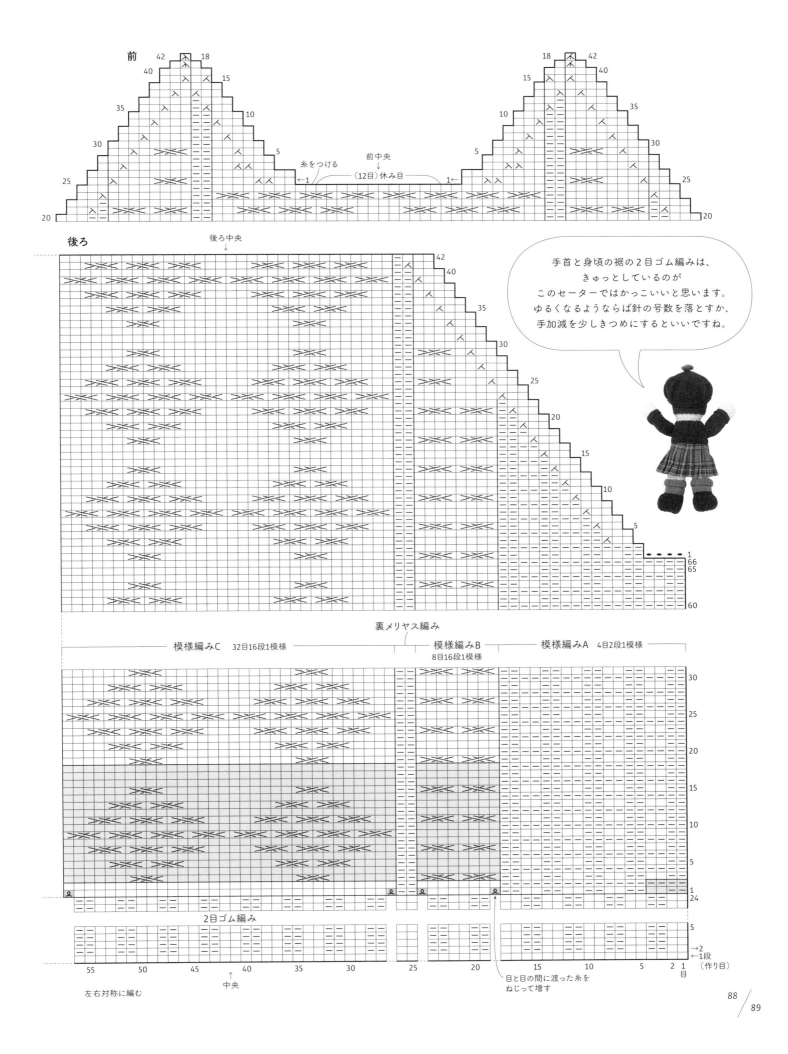

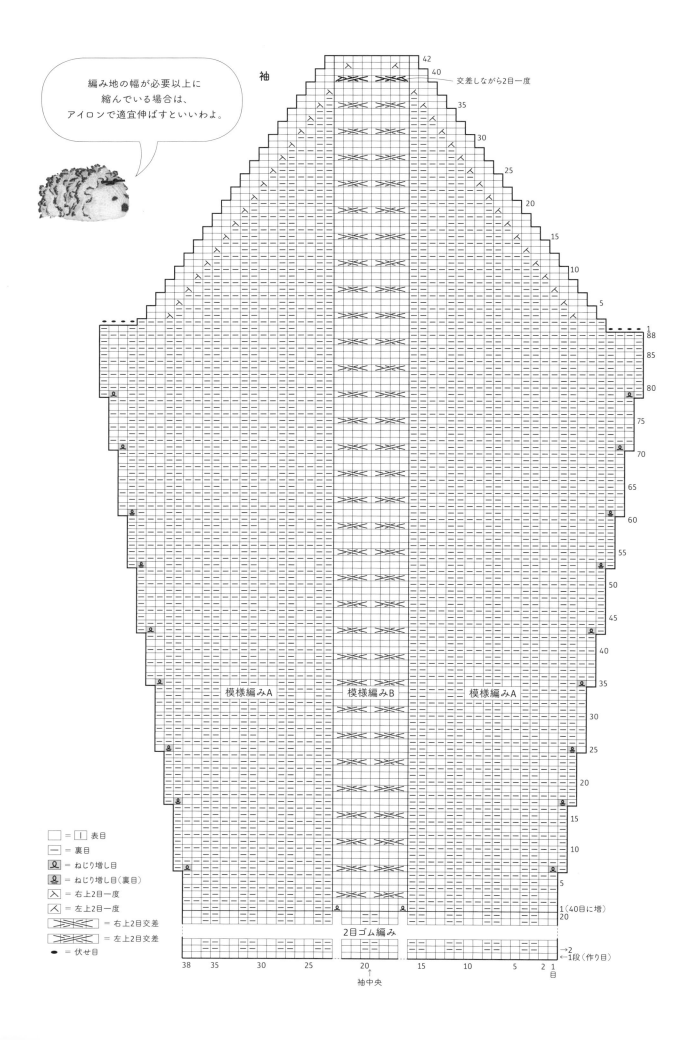

→ p.24

koalas ［編み込みミトン］

コアラという動物に親近感を覚えます。偏食で、動作がゆっくりなのが、自分に似ている気がするもので。このミトンのコアラたちは枝の上で食事中ですが、3頭とも差し伸べた手がユーカリに届いてないですね。

- 糸　　ジェイミソンズ シェットランドスピンドリフト
  地糸：深緑（688 Mermaid）28g
  配色糸：グレー（122 Granite）14g
- 用具　2号、4号4本棒針
- ゲージ　編み込み模様　28.5目、33段が10cm四方
- サイズ　手のひら回り21cm、長さ24.5cm

［編み方］　糸は1本どりで、指定の配色で編みます。
手首…2号針で52目作り目をして輪にし、1目ゴム編みを編みます。
甲・手のひら…4号針に替え、60目に増して、糸を横に渡す編み込みで編みます。裏に渡る糸が長くなるところは、渡り糸を絡ませます（p.76参照）。22段めは親指穴位置の8目に別糸を通して休め、その上に巻き目で8目作り目をします。指先を図のように減らしながら編み、残った4目に糸を通して絞ります。
親指…別糸を抜きながら目を棒針に移します。編み込みながら8目、☆はねじり目で2目、巻き目の作り目から8目、★は☆と同様に2目編みます（p.77参照）。1周20目を輪に編みます。図のように減らしながら編み、残った4目に糸を通して絞ります。
◎左右対称に編みます。

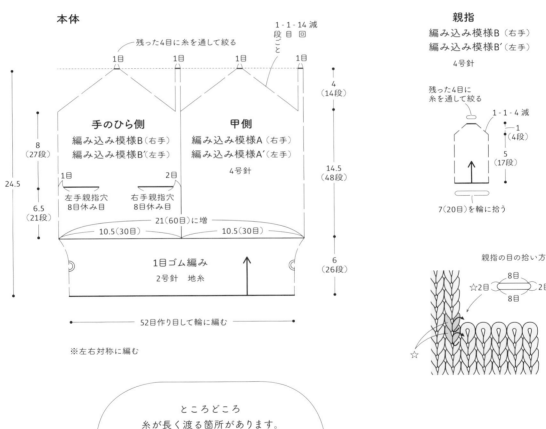

ところどころ
糸が長く渡る箇所があります。
糸を「編みくるむ」やり方をぜひ覚えて、
その段で使わない方の糸を、
裏側で止めつけながら
編んでくださいね。

糸を編みくるむときも、
地糸と配色糸を持ち替えずに
編めるようになると、
糸がもつれず、
編み地も安定するわよ。

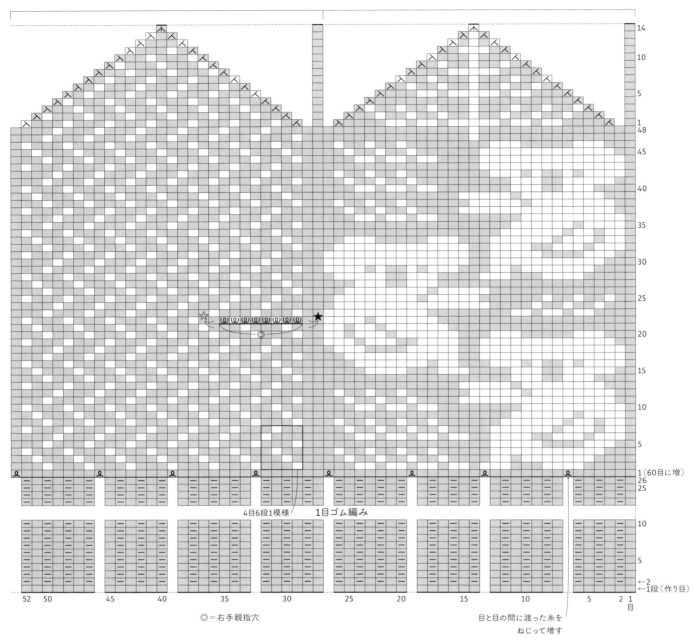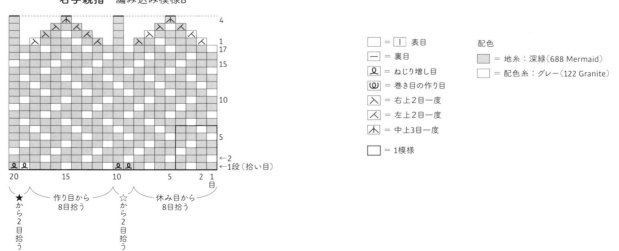

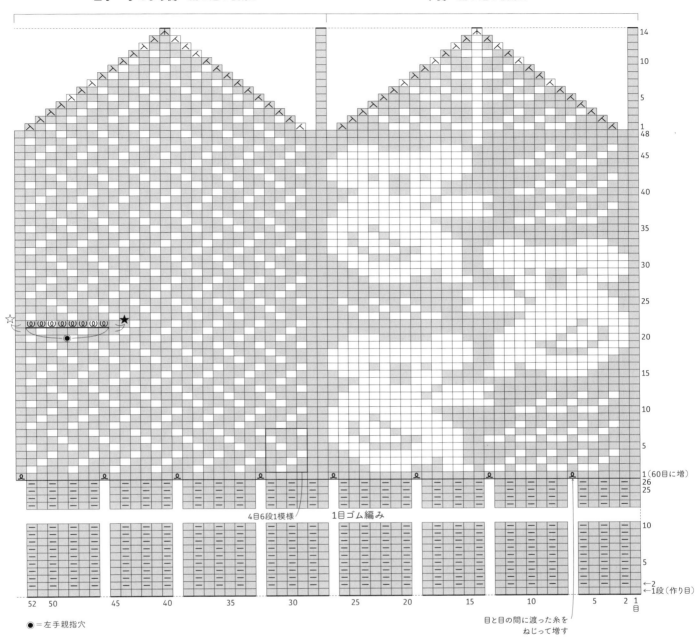

左手　手のひら側　編み込み模様B′　　　甲側　編み込み模様A′

4目6段1模様　　1目ゴム編み

目と目の間に渡った糸を
ねじって増す

● = 左手親指穴

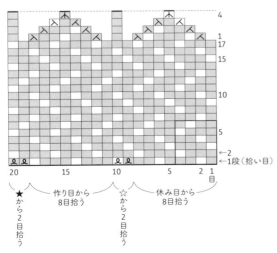

左手親指　編み込み模様B′

★から2目拾う　　作り目から8目拾う　　☆から2目拾う　　休み目から8目拾う

→ p.28

pinecone ［パプコーンステッチのバッグ］

外出前に鏡の前に立って、オーケーだけどどこかもの足りず、差し色になるバッグがあるといいなあと思うことありませんか？　わたしはあります。そんなわけで強度のあるアクリル糸で、松ぼっくりのような丸っこいグラニーバッグを編みました。色は蛍光ピンクと、鮮やかな緑。置くとぺたんと平らですが、底の両端にマチをつけたので、けっこう物が入るんですよ。

- 糸　　DARUMA ダルシャン合細モヘア グリーン（43）またはネオンピンク（44）各215g
- 用具　6/0号かぎ針
- ゲージ　模様編み　6.5模様、7段が10cm四方
- サイズ　幅34cm、深さ37.5cm

※糸以外は2点共通

［編み方］　糸は2本どりで編みます。

本体…鎖43目作り目をして、模様編みで編みます。1段めの長編み4目のパプコーンステッチは、作り目の鎖半目と裏山を拾って編みます。2段め以降は、前段の鎖編みを束に拾って編みます。図のように減らしながら編み、続けて入れ口の縁編みaを細編みで編みます。底の細編みは、糸をつけて編みます。同じものを2枚編みます。

まとめ…本体を中表にして、脇は鎖細編みとじ、底は細編みはぎで合わせて表に返します。縁編みbは、糸をつけて本体から束に拾って編みます。続けて持ち手の作り目を鎖編みで編みます。2段めの持ち手の作り目から拾う細編みは、鎖半目と裏山を拾って編みます。マチは図のように、底の両端5目を内側にくぼませて、半返し縫いでとめます。

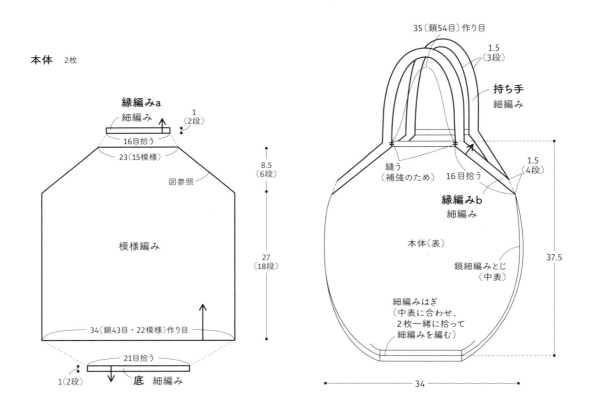

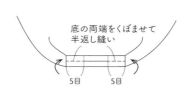

マチのつくり方

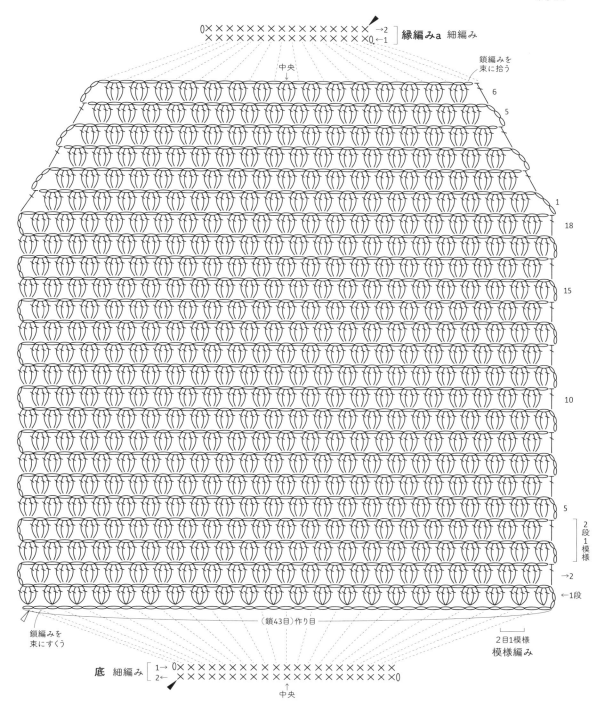

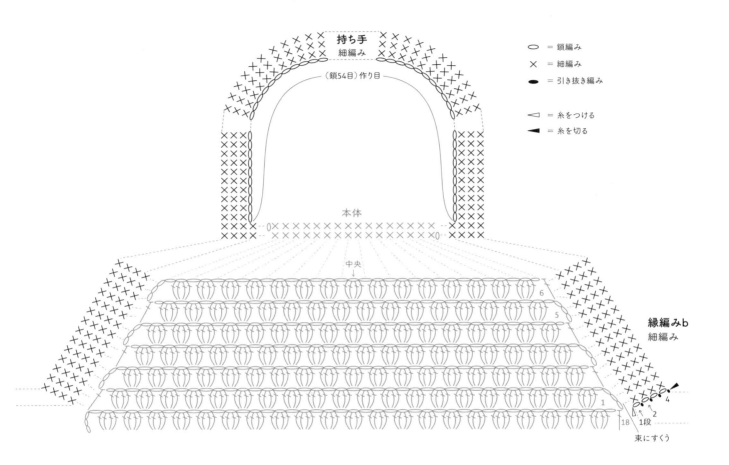

パプコーンステッチが
すごく好きです。
丸い模様がずらずら〜〜っと
並んでいくのが、
編んでいて快感でもあります。

持ち手の細編みは
伸びないように、
かっちり編んでね。

→ p.32

butterfly ［蝶の形のトップ］

ベスト、ドルマンセーター、ポンチョ。いろんな呼び方ができそうですね。実はこの形は1970年代に流行した、ディスコムーブメントのコスチュームからアイディアをもらっています。アメリカの古着屋で求めたそれは、全面スパンコール刺繍が施された黒いシルクのダンス衣装だったのですが、蝶々になって踊りたい、というスピリットは、このんびりしたニットにも受け継がれたように思います。あまり見ない形だからこそ、先入観なくいろんなボトムに合わせられます。

- 糸　　Miknits アラン レモンイエロー 405g
- 用具　12号4本棒針
- ゲージ　模様編み　16.5目、31段が10cm四方
- サイズ　胴囲100cm、着丈55.5cm、ゆき丈36cm

［編み方］　糸は1本どりで編みます。

後ろ…6目作り目をして、左側の①を図のように増しながら35段編みます。編み終わりの目は休めておきます。次に右側の②を6目作り目をして増しながら編みます。36段めの中央の目は、①の1目めに重ねて2目一度に編みます。図のように両脇で増しながら編みます。肩は引き返し編み、衿ぐりは中央を休み目にし、左右に分けて減らしながら編みます。編み終わりは休み目にします。

前…後ろと同様に編みます。編み終わりは休み目にします。

まとめ…肩を中表にして、引き抜きはぎで合わせます。☆をすくいとじで合わせます。衿ぐりは前後から拾い目をして、ガーター編みを輪に編み、編み終わりは裏目の伏せ止めにします。

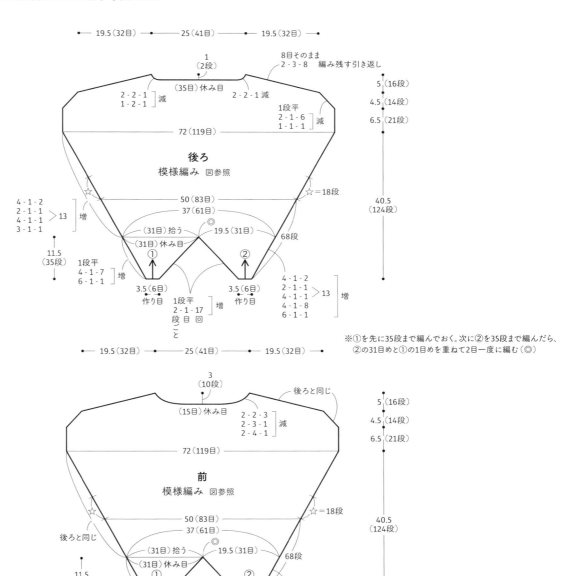

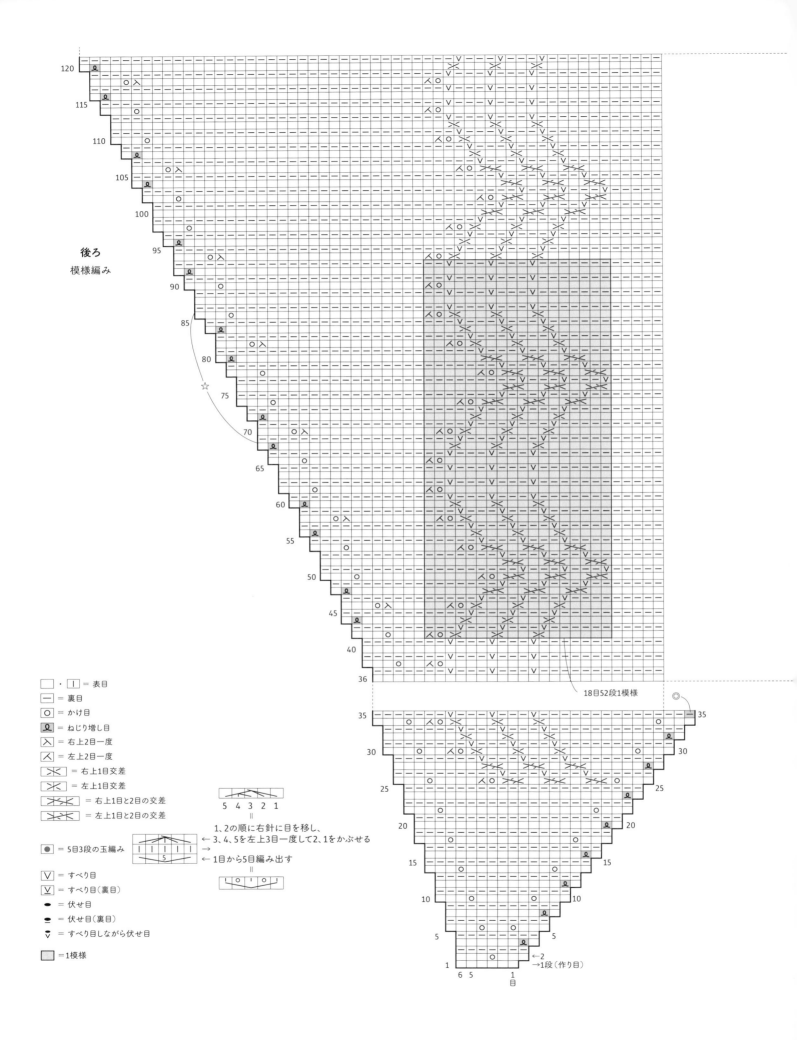

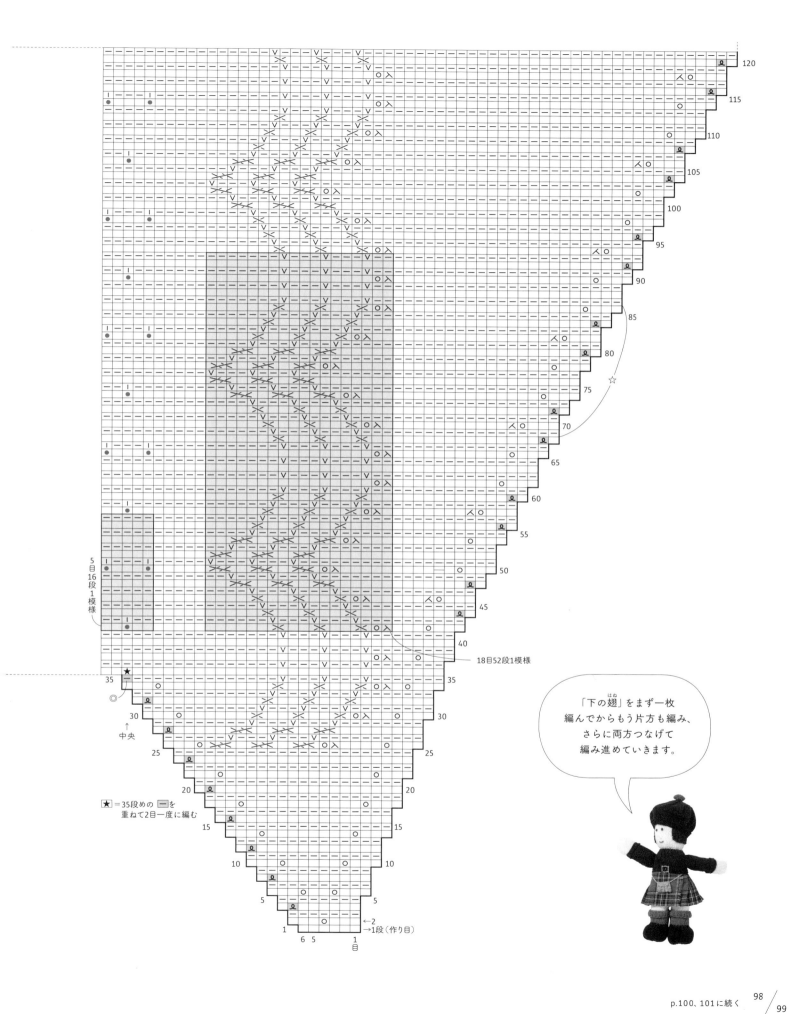

身頃は4本棒針のうちの
2本を使って編んでくださいね。
12号80センチの輪針で
往復に編むのもおすすめ。
広い身幅を確認するのに便利ですよ。

このニットはサイズがだいじ。
大きすぎると野暮ったいので、
編みながら時々体に当ててみて、
ちょうどいいところで
肩の引き返し編みができるといいわね。

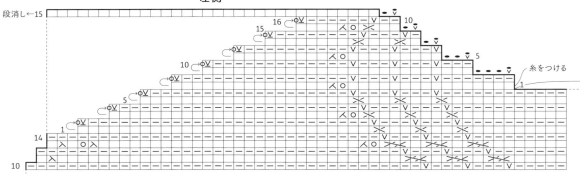

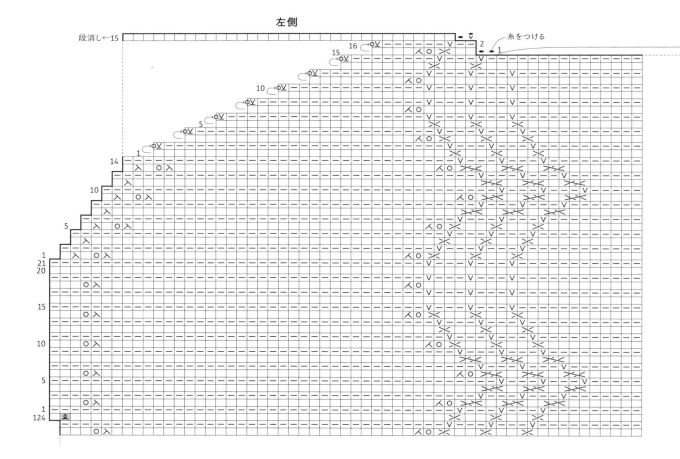

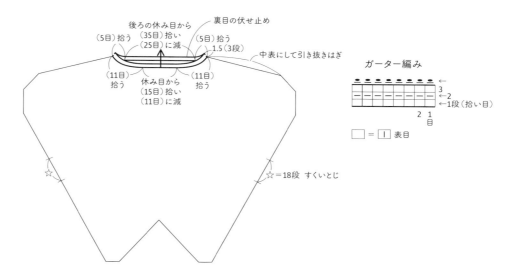
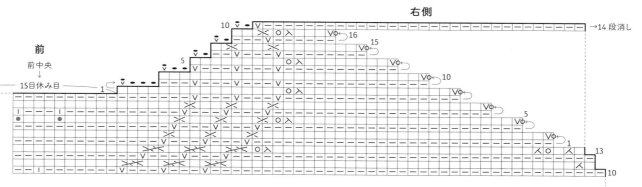
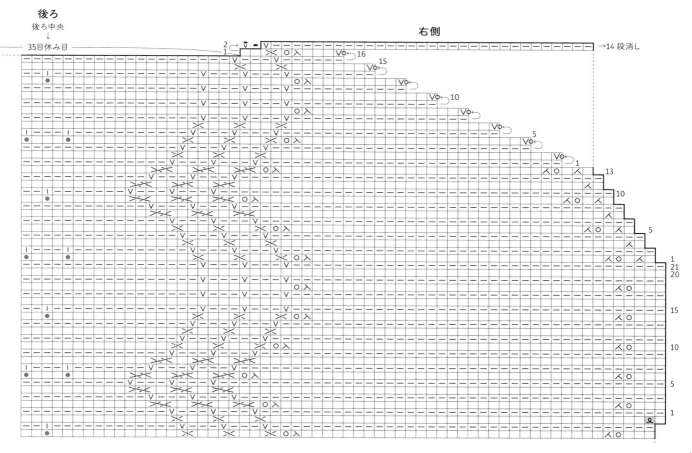

→ p.36

yukinko ［モヘアのベスト］

モヘアのはかなさと、開き部分のスカラップが、どこか「雪の精のお召し物」のようですね。写真では白いワークパンツと合わせましたが、ふわっとしたワンピースの上に羽織るのもすてきだと思います。前を閉じるなら、スナップボタンが簡単ですよ。

- 糸　Miknits キッドモヘア オフホワイト 361g
- 用具　8ミリ2本棒針、7/0号かぎ針
- ゲージ　ガーター編み・模様編みA・模様編みA'　12目、20段が10cm四方
- サイズ　胸囲111cm、着丈55cm、ゆき丈28cm

［編み方］　糸は1本どりで編みます。

後ろ…60目作り目をして、ガーター編みで増減なく編みます。袖口は、図のように模様編みAで編みます。肩は編み残す引き返し編み、後ろ衿ぐりは、中央を休み目にし、図のように減らします。編み終わりは休み目にします。左肩は糸をつけて編みます。

右前・左前…後ろと同じ要領で編み、前衿ぐりを図のように減らします。編み終わりは休み目にします。

まとめ…肩は中表にして引き抜きはぎ、後ろ衿ぐりは細編みを1段編みますが、中央の4目は後ろの休み目から拾って編みます。脇をすくいとじで合わせます。

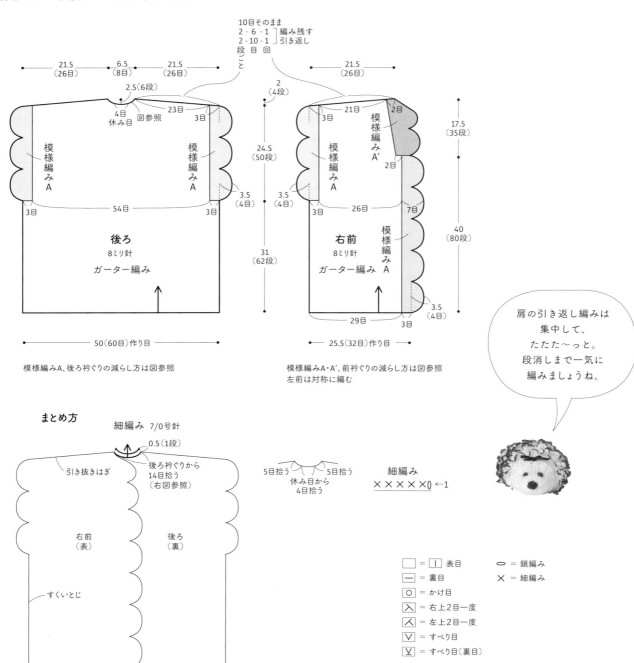

模様編みA、後ろ衿ぐりの減らし方は図参照

模様編みA・A'、前衿ぐりの減らし方は図参照
左前は対称に編む

肩の引き返し編みは集中して、たたた〜っと。段消しまで一気に編みましょうね。

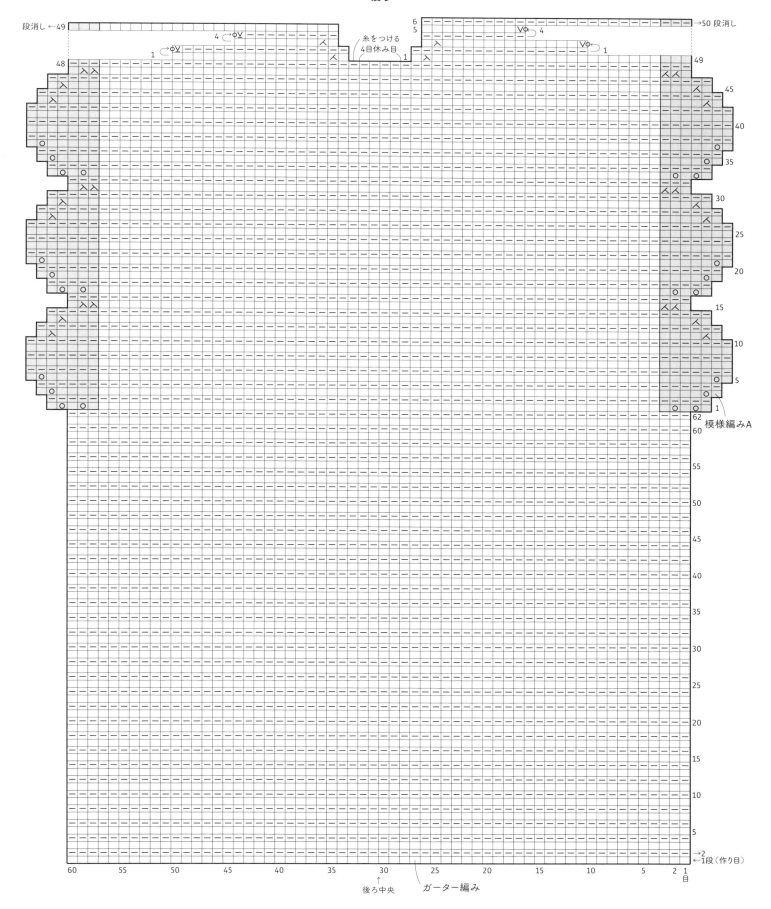

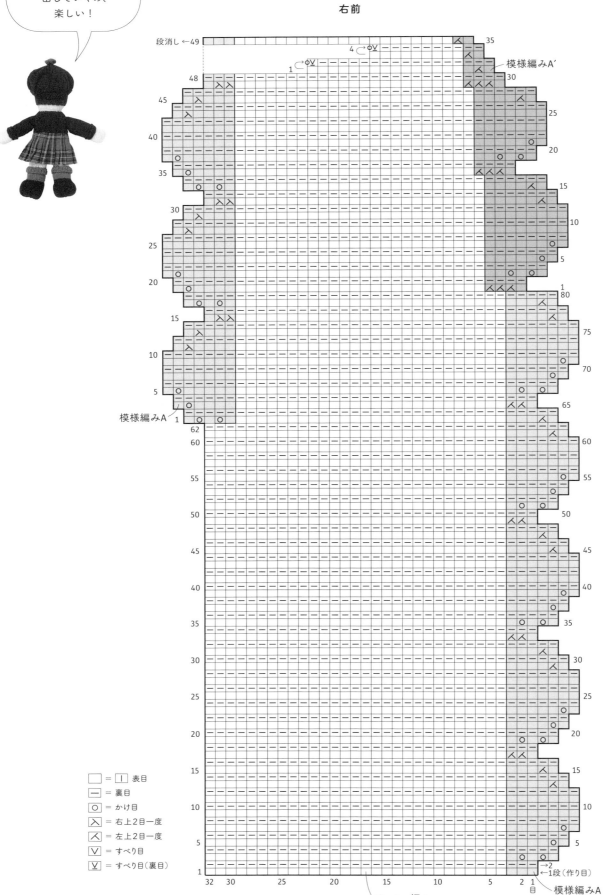

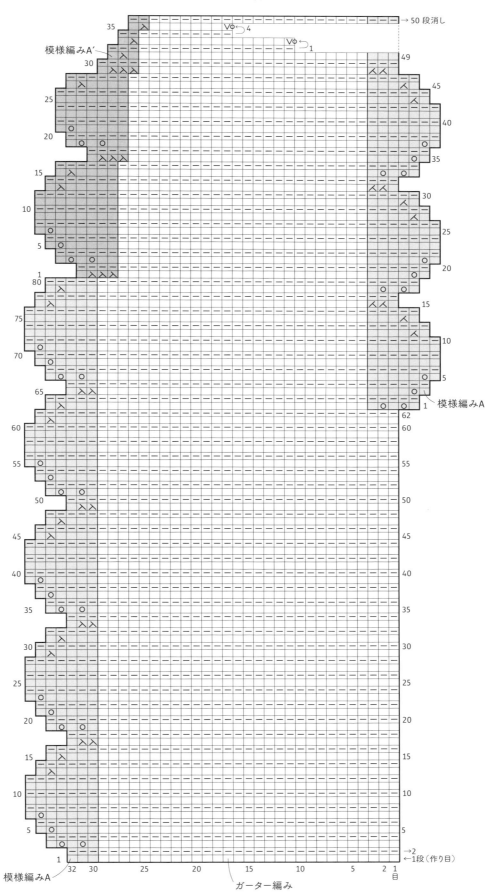

→ p.40

Union Jack ［英国の旗のミトン］

イギリスの旅から帰った翌日、楽しい思い出をたくさんくれた彼の国への気持ちが収まらず、ラブレターを書くように編んだミトンです。ユニオンジャックはイングランド、スコットランド、アイルランドの3つの旗が組み合わさってできているってご存知でしたか？アイルランドを表す四方へ伸びる赤い線は、白いラインの中央より反時計回りに少しずらして刺繍するのがポイントです。

- 糸　　Miknits アラン 生成り 56g、ネイビー 24g
- 刺繍糸　アップルトン クルウェルウール レッド（No.446・No.501）各4g
- 用具　5号、6号4本棒針
- ゲージ　編み込み模様A・B・B′　20目、25段が10cm四方
- サイズ　手のひら回り24cm、長さ24cm

［編み方］　糸は1本どりで、指定の配色で編みます。
手首…5号針で44目作り目をして輪にし、1目ゴム編みを編みます。
甲・手のひら…6号針に替え、48目に増して、甲側は編み込み模様A、手のひら側は右手は編み込み模様B、左手は編み込み模様B′で編みます。編み込み模様は糸を横に渡して編みます。裏に渡る糸が長くなるところ（13〜26段）は、5〜6目おきに渡り糸を絡ませます（p.76参照）。15段めは親指穴位置の7目に別糸を通して休め、その上に巻き目で7目作り目をします。指先を図のように減らしながら編み、残った4目に糸を通して絞ります。
親指…別糸を抜きながら目を棒針に移し7目拾い、☆から拾ってねじり目で1目編みます（p.76参照）。巻き目の作り目から7目拾い、★は☆と同様に1目拾います。1周16目を輪にメリヤス編みで編みます。指先は図のように減らしながら編み、残った4目に糸を通して絞ります。
刺繍…ウール刺繍糸 No.446・No.501各1本の2本どりで、指定位置に刺繍をします。
◎左右対称に編みます。

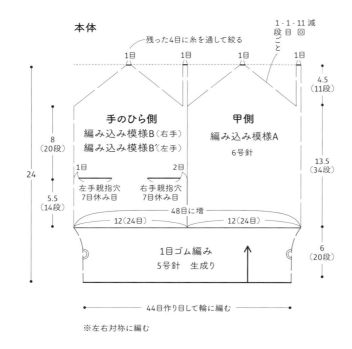

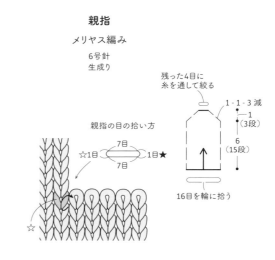

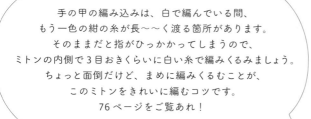

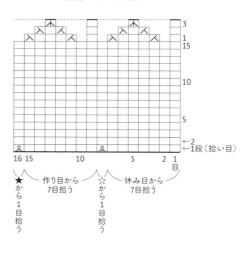

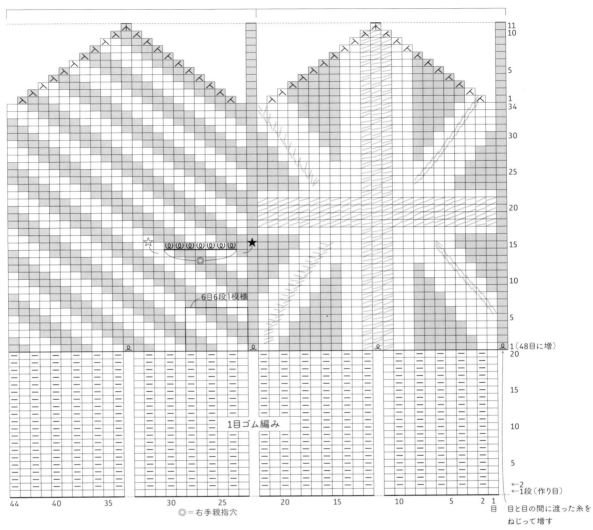
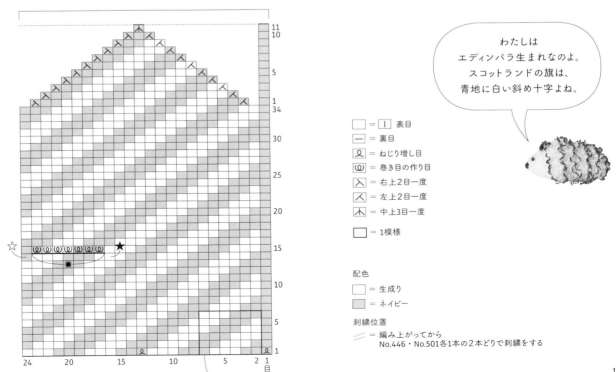

→ p.44

rosy ［ドルマンセーター］

パンキッシュな匂いが漂うのは黒と蛍光ピンクの糸を引き揃えて編んでいるせい。これも Union Jack のミトンと同じように、イギリス旅行の影響がそのまま出ているセーターです。とても着やすいきれいな形だから、これをベースに糸や色で遊んでもらえるといいな。

- 糸　DARUMA メリノスタイル 並太 ブラック（12）301g、ダルシャン合細モヘア ネオンピンク（44）160g
- 用具　15号80cm 輪針、13号2本棒針
- ゲージ　メリヤス編み　15.5目、20段が10cm四方
- サイズ　胴囲81cm、着丈54cm、ゆき丈60cm

［編み方］　糸はブラックとネオンピンク各1本ずつを引き揃えにして編みます。後ろ・前は輪針で往復に編みます。

後ろ・前…13号針で60目作り目をして編みはじめ、ねじり1目ゴム編みで編みます。15号針に替え、模様編みの1段めで増し目をします。図のように中央と両端で増しながら、袖口は減らしながら編みます。衿ぐりはねじり1目ゴム編みで編みます。編み終わりは休み目にします。同じものを2枚編みます。

まとめ…2枚を中表にして、編み終わりの目を引き抜きはぎで合わせます。衿ぐりは前段と同じ記号で編んで、輪に伏せ止めします。袖口は前後から13号針で拾い目をして、ねじり1目ゴム編みで往復に編みます。編み終わりは前段と同じ記号で編んで伏せ止めにします。脇・袖下をすくいとじで合わせます。

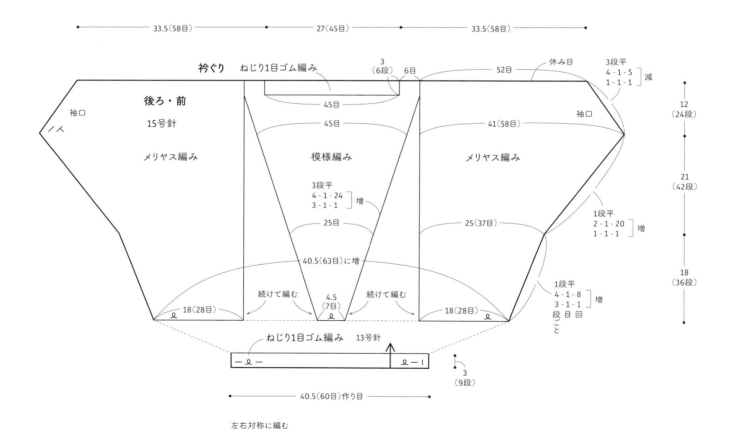

左右対称に編む
模様編み、脇の増し方、袖口の減らし方は図参照

> 身頃とドルマン袖が一体の編み地です。
> 肩から袖口にかけてのゆるやかな傾斜は
> 「引き返し」ではなく、身頃の中央を縦に走る
> 増し目の線によって作られています（わぉ！）。
> その増し目の線に沿ってボブルを編むのが、
> 4段ごとの楽しみなんですよ。

> まりこはボブルだの
> パプコーンだのが
> ほんとに好きよね。

まとめ方

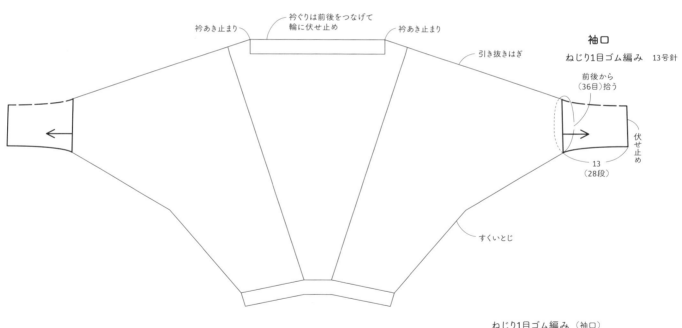

袖口　ねじり1目ゴム編み　13号針

衿あき止まり／衿ぐりは前後をつなげて輪に伏せ止め／衿あき止まり／引き抜きはぎ／前後から（36目）拾う／伏せ止め／13（28段）／すくいとじ

ねじり1目ゴム編み（袖口）

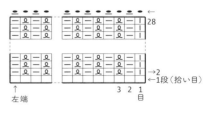

□・|= 表目
― = 裏目
Ω = ねじり目
● = 伏せ目
● = 伏せ目（裏目）

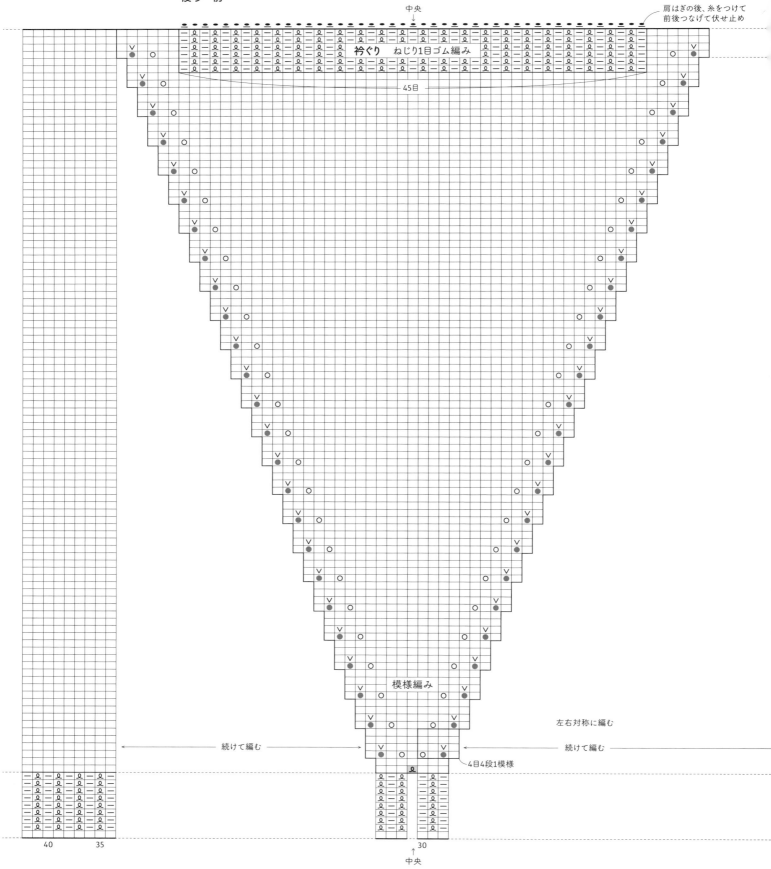

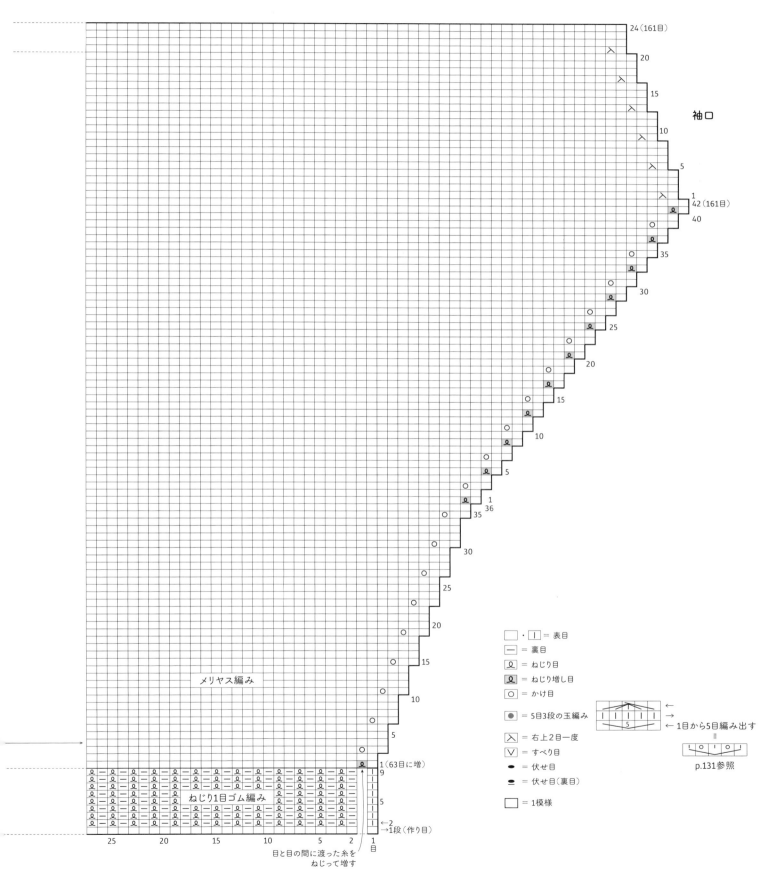

→ p.48

kakigōri ［ファー糸のキャップ］

かき氷の削り機からはらはらと降り積もった、氷の小山のような帽子です。編むのが簡単すぎて申し分ないくらいですが、デザインとしては just enough。これでいいのだ。

［編み方］ 糸はミンクタッチファーの2本どりで編みます。13目作り目をして、裏メリヤス編みで編みます。編み終わりは裏目の伏せ止めにします。中表にしてかがりはぎで合わせます（並太毛糸）。トップ側をぐし縫いして絞ります。糸端の始末をして表に返します。

- 糸　　DARUMA ミンクタッチファー 白（1）または黒（3）各 約55.5m、並太毛糸 白または黒各少々（巻きかがり、ぐし縫い用）
- 用具　9ミリ2本棒針
- ゲージ　裏メリヤス編み　5.5目、9.5段が10cm四方
- サイズ　頭回り52cm、深さ23cm

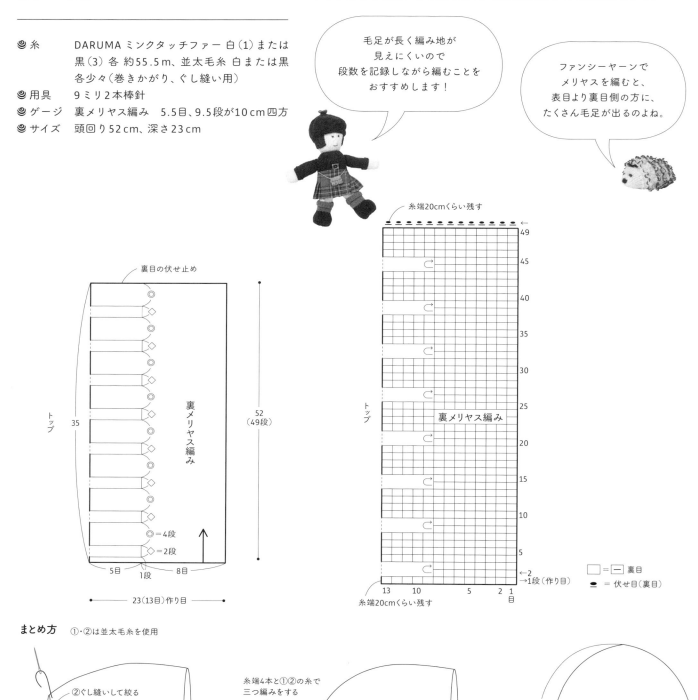

→ p.52

syrup ［ニットキャップ］

アイディアがきゅっと詰まっているのがいい帽子だと思っています。この帽子に込めたアイディアは…。
①編み始めから終わりまでたった6目の単純な繰り返し模様。②かぶり口がリブの代わりにゆるくスカラップになっている。③全体がしずくのような形。編むのが簡単で楽しい、というのもこの帽子の「いいところ」にカウントできると思います。

Aはイエロー、Bはネイビー、指定以外はA・B共通

- 糸　Miknits アラン
  - A　a色：イエロー47g　b色：レモンイエロー8g
  　　c色：グレー8g　　　d色：生成り8g
  - B　a色：ネイビー47g　b色：セルリアンブルー8g
  　　c色：水色8g　　　　d色：生成り8g
- 用具　12号、15号40cm輪針
- ゲージ　メリヤス編み　15目が10cm、11段が5.5cm
  　　　模様編み縞　12.5目、30.5段が10cm四方
  　　　模様編み　13目、21段が10cm四方
- サイズ　頭回り52cm、深さ21.5cm

［編み方］糸は1本どりで、指定の配色で編みます。
12号針で66目作り目をして輪にし、メリヤス編みを編みます。15号針に替え、模様編み縞、模様編みを編み、最終段で図のように減らします。残った目に糸を通して絞ります。メリヤス編みを内側に折り、表にひびかないようにまつります。

帽子は愛嬌というか、charmのものよね。

かぶるとかわいい、というのが一番の「いいところ」です。

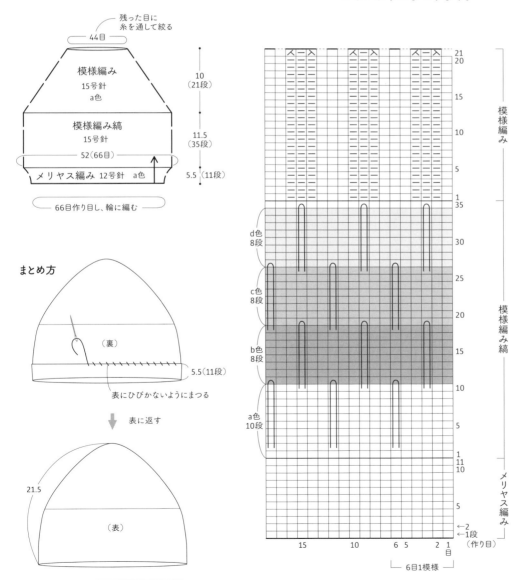

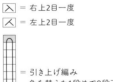

→ p.56

cappuccino ［カシミヤのカウル］

黒と白の糸を引き揃えて編んだテクスチャーが大人っぽい、大判のカウルです。女性はもちろん、男性がスウェットシャツに合わせたりしてもかっこいいと思う。うーんと寒いときはダブルにして巻いてください。

- 糸　Miknits カシミヤ ブラック162g、ホワイト120g
- 用具　8ミリ2本棒針、8/0号かぎ針
- ゲージ　（アイロン前）模様編み　13目、17.5段が10cm四方
- サイズ　首回り136cm、丈54cm
  ※編み地の置き方や測り方によって、多少寸法は変わります。

［編み方］模様編みはブラック、ホワイト各1本の2本どり、縁編みはブラック2本どりで編みます。

少しゆるめに156目作り目をして、模様編みで増減なく編みます。編み終わりは伏せ止めにします。スチームアイロンを裏から当て、指定の大きさに整えます。両端をすくいとじで合わせます。裏を見て縁編みを上下に各1段編みます。

☆模様編みと縁編みの編み方のポイントはp.74にあります。

透かし編みの模様、簡単だけど気がきいてるわね。

縁編みのパプコーンステッチは、端の「伸び止め」の役割もしています。手加減に気を配って、ゆるくなりすぎないよう編んでください。それにひきかえ本体の透かし編みは、あくまでふっくら、ふんわりと！

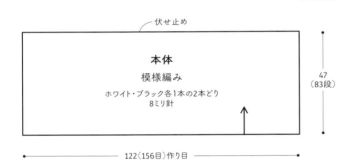

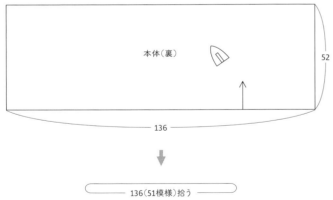

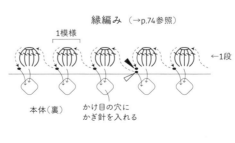

→ p.60

kusari ［カシミヤの編み込みマフラー］

チューブの形のカシミヤマフラー。編み込んだモチーフは、いろんな形のチェーンをイメージしています。長さを全部使ってぐるぐると首に巻きつけるのも楽しいですよ。

- 糸　Miknits カシミヤ
  地糸：ロイヤルブルー103g
  配色糸：ホワイト65g
- 用具　4号4本棒針
- ゲージ　編み込み模様　33.5目、30段が10cm四方
- サイズ　幅12cm、長さ160.5cm

［編み方］糸は1本どりで指定の配色で編みます。80目作り目をして、2目ゴム編みを輪に編みます。編み込み模様は、糸を横に渡して編みます。裏に渡る糸が長くなるところは、3～4目おきに渡り糸を絡ませます。編み終わりは前段と同じ記号で編んで伏せ止めにします。

編み込みは「少しゆるいかも」というくらいの手加減ですると、凹凸の少ない平らな編み地になるわよ。

10種類の柄を並行して編み進めるのは大変そうだけど、一つ一つは単純な柄なので、覚えてしまうと楽ですよ。

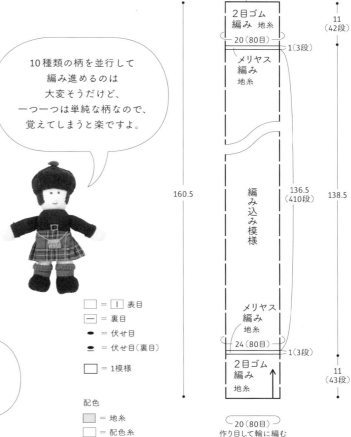

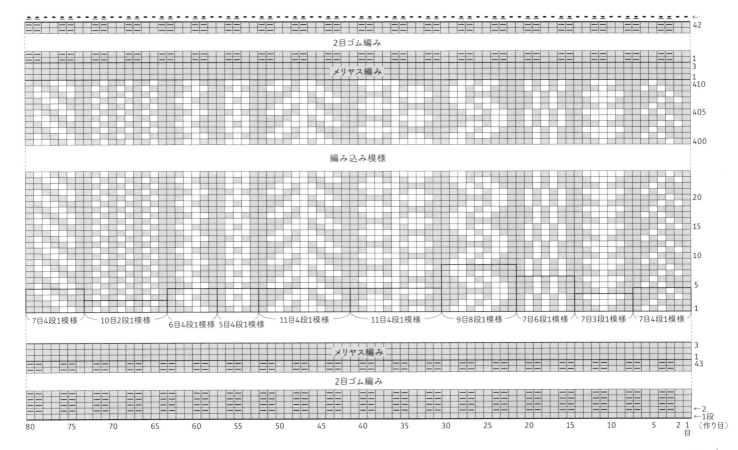

→ p.64

obake ［ゴシックなテクスチャーのカーディガン］

ドクロの柄が並んだリボンを骨董市で見つけた瞬間、これを使ってテクスチャーのおもしろいカーディガンを作ろう！ と決めました。アランの浮彫模様はゴシックなムードを出すのにうってつけだけど、そのままじゃつまらない。お化けが柄にミミック（擬態）したような怪しさを表現できると、きっとおもしろい。

・そこでまず考案したのが模様編みBの「ドクロケーブル」。一見普通の丸いケーブル模様ですが、近くで見るとドクロの顔になっているのがおわかりいただけるはず。

・次に模様編みC。ラムズテイルという模様を通常とは逆方向に編むことによって、ボブルに擬態した「ツノ」が、いばらの棘のように立ち上がります。

・そして模様編みAは、アラン模様の定番「ハニーカム」に似ているけれど、ケーブルではなく、引き上げで編んであるのです！

大いに楽しんで作ったものだから言うこともたくさんあるのですが、能書き抜きにしても、風変わりなテクスチャーのジャケットとして楽しんで着てもらえると思います。

- 糸　　Miknits アラン ブラック 737g
- 用具　12号2本棒針、6/0号かぎ針
- その他　織テープ3.8cm幅54cmを2本、
　　　　　スナップボタン（黒）直径2.8cmを5個
- ゲージ　模様編みA　14.5目、26段が10cm四方
　　　　　模様編みB・B′　11目が5cm、26段が10cm
　　　　　模様編みC　16目、26段が10cm四方
　　　　　ガーター編み　6目が4.5cm、26段が10cm
- サイズ　胸囲107cm、着丈56.5cm、ゆき丈73.5cm

［編み方］　糸は1本どりで編みます。前後身頃、袖ともに肩側から編み下げます。

後ろ…87目作り目をして、模様編みA〜Cを配置して編みはじめます。増減なく編み、編み終わりは図のように模様を編みながら伏せ止めにします。

右前・左前…36目作り目をして、後ろと同様に編みはじめ、前衿ぐりを図のように増しながら編みます。左前は、持ち出しを巻き目の作り目で6目作り、ガーター編みで編みます。編み終わりは後ろと同様にします。

袖…ショルダーストラップは、1目作り目をして、左側を図のように増しながら6段編み、糸を切ります。編み終わりの目は休み目にします。右側も同様に6段編み、7段めは左右続けて編みます。増減なく53段編みます。続けて袖を編みますが、右側を巻き目の作り目で21目作ります。次段で左側を21目作ります。図のように、左右の端で減らしながら袖口まで編みます。編み終わりは後ろと同様にします。同じものを2枚編みます。

まとめ…身頃と袖をp.120の図のように置き、目と段のはぎでつけます。脇、袖下をすくいとじで合わせます。衿ぐりは、前後身頃、ショルダーストラップ、持ち出しから拾い目をして、細編みで編みます。織テープを前身頃の裏にまつりつけます。スナップボタンを5個つけます。

☆模様編みA・Cの編み方のポイントはp.75にあります。

織テープはね、どうしてもじゃないわよ。でもつければもちろん丈夫になるわよ。

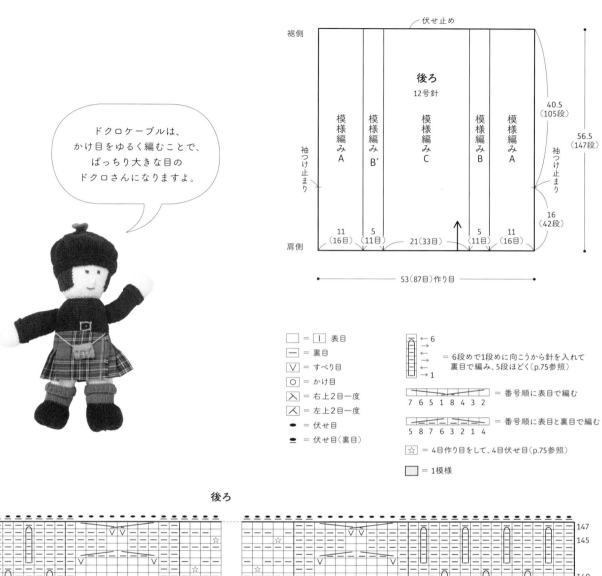
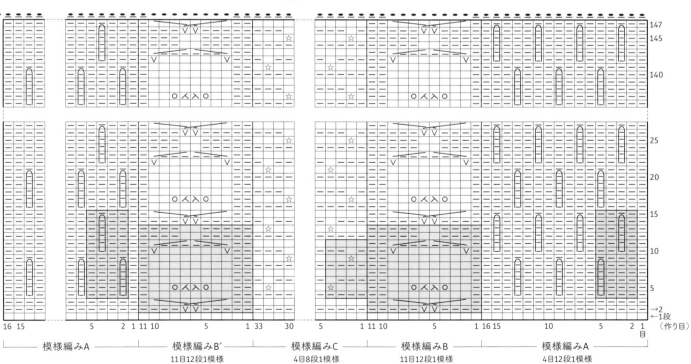

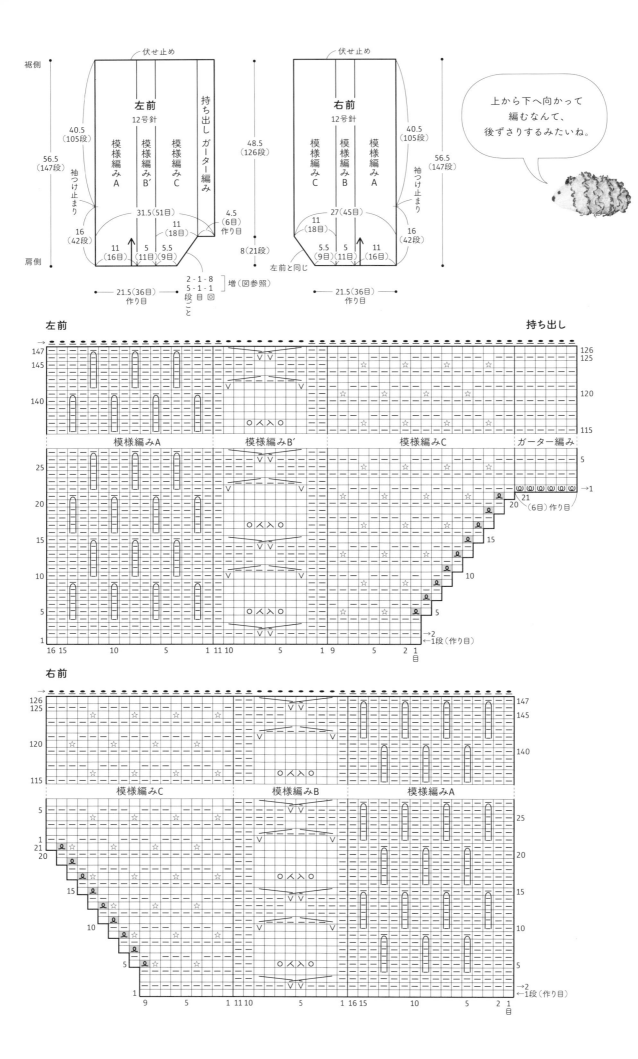

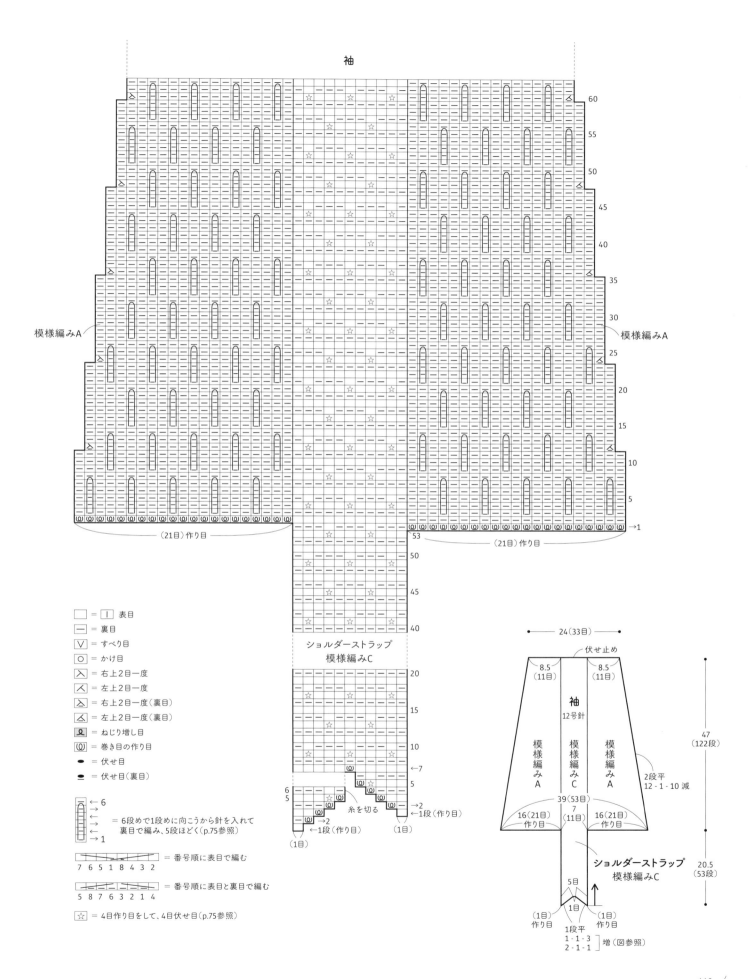

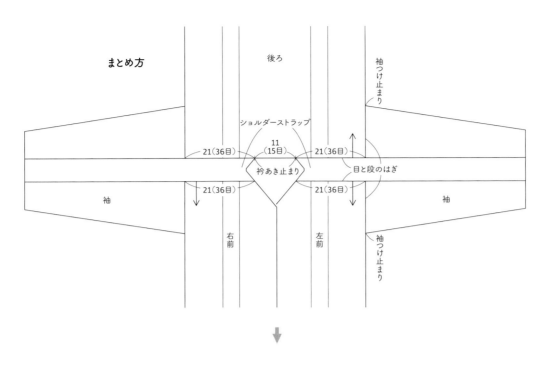

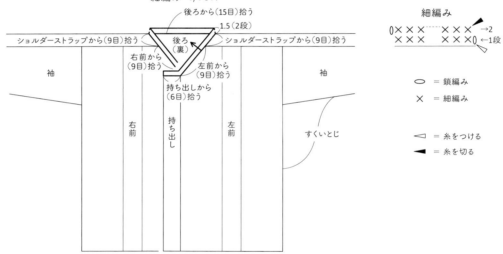

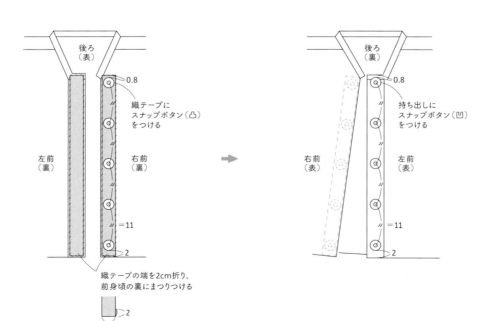

→ p.70

Eden［編み込みのミトン］

ヴィクトリア朝期の刺繍のモチーフに旧約聖書の「楽園」の図を見かけることが多く、いつかわたしもあのシーンをニットに編み込んでみたい、と思うようになりました。小さなミトンの楽園の中、不穏な気配を察したウサギと鳥が逃げ出していますが、アダムと犬はまだそれに気づいていません。ここからすべての物語が始まっていくのですね。

- 糸　ジェイミソンズ シェットランドスピンドリフト
  地糸：ネイビー（710 Gentian）29g
  配色糸：オフホワイト（104 Natural White）16g、レッド（500 Scarlet）・グリーン（785 Apple）各1g
- 用具　2号、4号4本棒針
- ゲージ　編み込み模様　28.5目、33段が10cm四方
- サイズ　手のひら回り21cm、長さ24.5cm

［編み方］　糸は1本どりで、指定の配色で編みます。
手首…2号針で52目作り目をして輪にし、1目ゴム編みを編みます。
甲・手のひら…4号針に替え、60目に増して、糸を横に渡す編み込みで編みます。裏に渡る糸が長くなるところは、渡り糸を絡ませます（p.76参照）。22段めは親指穴位置の8目に別糸を通して休め、その上に巻き目で8目作り目をします。指先を図のように減らし、残った4目に糸を通して絞ります。
親指…別糸を抜きながら目を棒針に移します。編み込みながら8目、☆はねじり目で2目、巻き目の作り目から8目、★は☆と同様に2目編みます（p.77参照）。1周20目を輪に編みます。図のように減らしながら編み、残った4目に糸を通して絞ります。
刺繍…右手の指定位置にメリヤス刺繍をします。

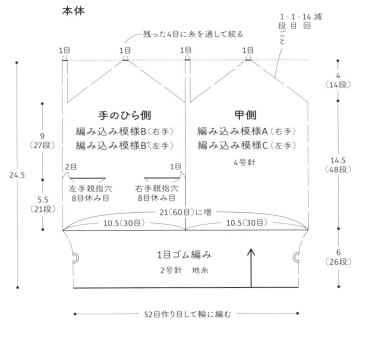

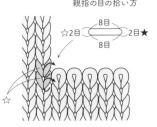

知恵の実の赤と緑は、編んだ後でメリヤス刺繍します。

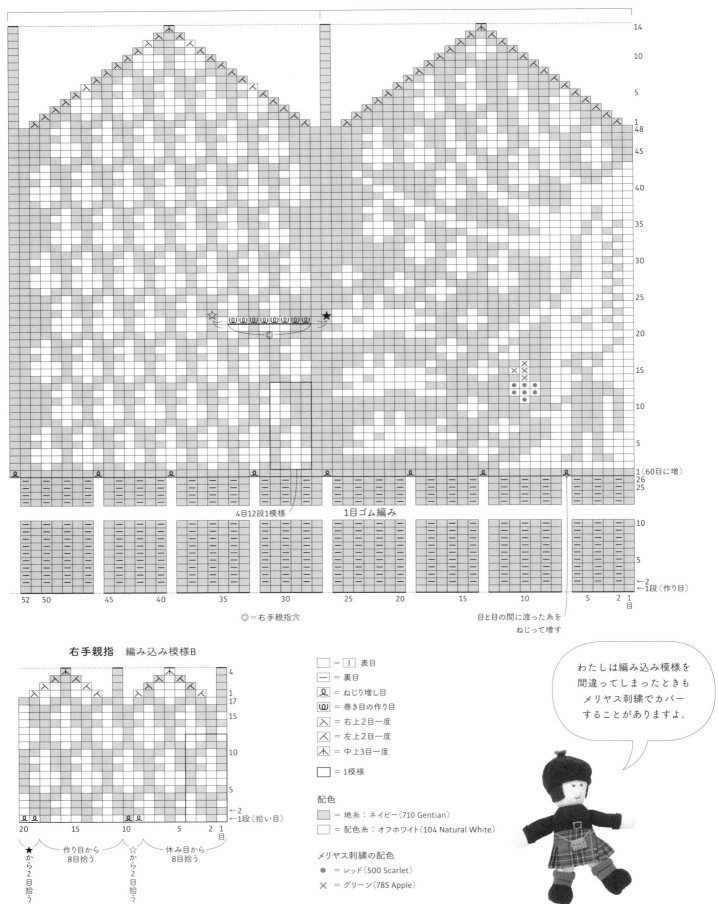

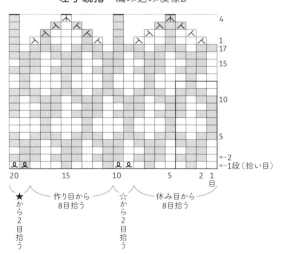

この本で使用している毛糸について

❁ mole
Miknits ／キッドモヘア／ミッドグレー
キッドモヘア 75％・ウール 25％ ／極太（1gあたり約1.2m）

❁ canary
Miknits ／キッドモヘア／レモンイエロー
キッドモヘア 75％・ウール 25％ ／極太（1gあたり約1.2m）

❁ Marilyn
Miknits ／カシミヤ／ホワイト
カシミヤ 100％ ／合太（1gあたり約4.2m）

❁ Jackie
Miknits ／アラン／生成り
ブルーフェイス 16％・チェビオット 8％・スペインウール 56％・
ニュージーランドウール 20％ ／極太（1gあたり約1.6m）

❁ koalas
ジェイミソンズ／シェットランドスピンドリフト／
深緑（688 Mermaid）、グレー（122 Granite）
100％シェットランドウール／中細／25g 玉巻（約105m）

❁ pinecone
横田株式会社／ DARUMA ダルシャン合細モヘア／
グリーン（43）またはネオンピンク（44）
アクリル 100％ ／合細／ 25g 玉巻（約130m）

❁ butterfly
Miknits ／アラン／レモンイエロー
ブルーフェイス 16％・チェビオット 8％・スペインウール 56％・
ニュージーランドウール 20％ ／極太（1gあたり約1.6m）

❁ yukinko
Miknits ／キッドモヘア／オフホワイト
キッドモヘア 75％・ウール 25％ ／極太（1gあたり約1.2m）

❁ Union Jack
Miknits ／アラン／生成り、ネイビー
ブルーフェイス 16％・チェビオット 8％・スペインウール 56％・
ニュージーランドウール 20％ ／極太（1gあたり約1.6m）
アップルトン／クルウェルウール／レッド（No.446・No.501）／
ウール 100％ ／ 25m 巻

❁ rosy
横田株式会社／ DARUMA メリノスタイル 並太／ブラック（12）
ウール（メリノウール）100％ ／並太／ 40g 玉巻（約88m）
横田株式会社／ DARUMA ダルシャン合細モヘア／
ネオンピンク（44）
アクリル 100％ ／合細／ 25g 玉巻（約130m）

❁ kakigōri
横田株式会社／ DARUMA ミンクタッチファー／白（1）
アクリル系（モダアクリル）60％・アクリル 35％・ポリエステル 5％ ／
超極太／約 15m 巻
横田株式会社／ DARUMA ミンクタッチファー／黒（3）
アクリル系（モダアクリル）95％・ポリエステル 5％ ／
超極太／約 15m 巻

❁ syrup
Miknits ／アラン／
A：イエロー、レモンイエロー、グレー、生成り
B：ネイビー、セルリアンブルー、水色、生成り
ブルーフェイス 16％・チェビオット 8％・スペインウール 56％・
ニュージーランドウール 20％ ／極太（1gあたり約1.6m）

❁ cappuccino
Miknits ／カシミヤ／ブラック、ホワイト
カシミヤ 100％ ／合太（1gあたり約4.2m）

❁ kusari
Miknits ／カシミヤ／ロイヤルブルー、ホワイト
カシミヤ 100％ ／合太（1gあたり約4.2m）

❁ obake
Miknits ／アラン／ブラック
ブルーフェイス 16％・チェビオット 8％・スペインウール 56％・
ニュージーランドウール 20％ ／極太（1gあたり約1.6m）

❁ Eden
ジェイミソンズ／シェットランドスピンドリフト／
ネイビー（710 Gentian）、オフホワイト（104 Natural White）、
レッド（500 Scarlet）、グリーン（785 Apple）
100％シェットランドウール／中細／ 25g 玉巻（約105m）

［毛糸に関するお問い合わせ先］
❁ 横田株式会社・DARUMA　http://www.daruma-ito.co.jp/
❁ APPLETON（越前屋）　http://www.echizen-ya.net/
❁ ジェイミソンズ　http://www.jamiesonsofshetland.co.uk/
❁ Miknits　http://www.1101.com/store/miknits/
＊お問い合わせ情報は 2019 年 11 月現在のものです。

❁ この本の作品を編むための指定糸セットを
ほぼ日ストアで販売しています。
https://www.1101.com/store/i_play_knit/keito/
＊完売の際はご容赦ください。
WEBページの公開は予告なく終了する場合があります。
ご了承ください。

棒針編みの基礎

作り目

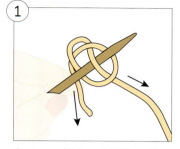

① 糸でループを作って結び、左針に通して引き締め、1目を作ります。

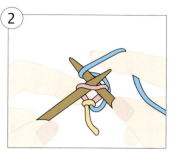

② 右針を1目めに入れ、糸をかけます。

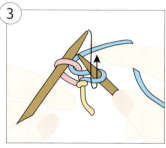

③ 糸を引き出し、左針に移します。

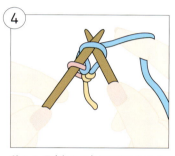

④ 移した目（青の目）が2目めになります。右針は抜かないでおきます。

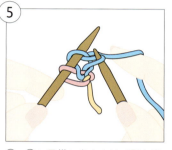

⑤ ②、③と同様に糸をかけて引き出し、左針に移します。

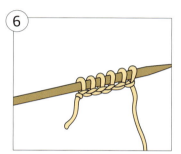

⑥ 必要な目数を作ります。これを1段めとかぞえます。

| 表目

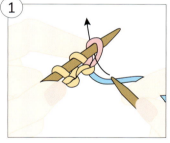

① 矢印のように左針の目に手前から向こうに右針を入れます。

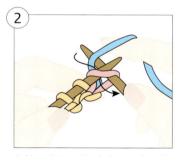

② 右針に糸をかけ、矢印のように引き出します。

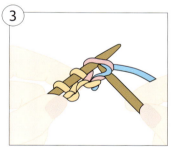

③ 引き出したら、左針から目をはずします。

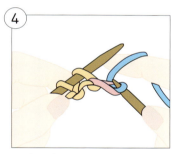

④ 1目編めました。

— 裏目

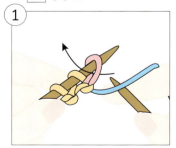

① 糸を手前におき、左針の目に向こうから手前に右針を入れます。

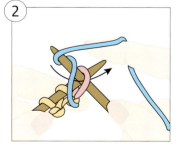

② 右針に糸をかけ、矢印のように引き出します。

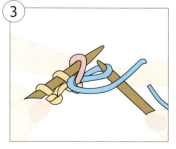

③ 引き出したら、左針から目をはずします。

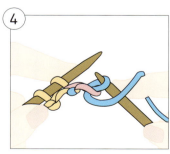

④ 1目編めました。

◯ かけ目

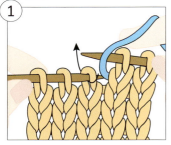
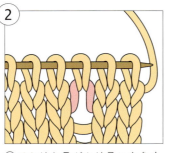

1. 右針の手前から向こうに糸をかけます。次の目以降を編みます。
2. ①でかけた目がかけ目になります。次の段を編むとかけ目のところに穴があきます。

V すべり目

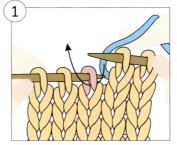
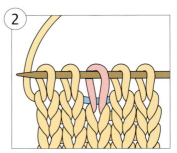

1. 糸を向こうにおき、右針を矢印のように入れ、編まずに右針に移します。次の目以降を編みます。糸は裏側に渡ります。
2. すべり目をした目は前段の目が引き上がって見えます。※裏段のすべり目は糸を手前におき、同様に目を移します。

ℚ ねじり目［表目］

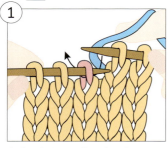
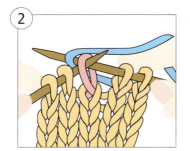
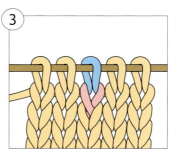

1. 右針を矢印のように向こうから入れます。
2. 糸をかけて手前に引き出します。
3. 1段下の目がねじれます。

ℚ ねじり目［裏目］

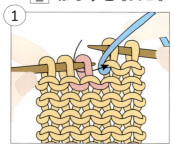
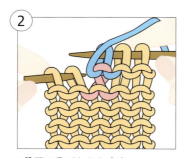

1. 右針を矢印のように入れ、裏目を編みます。
2. 1段下の目がねじれます。

ℚ ねじり目増し目［表目］

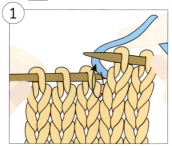
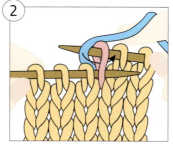
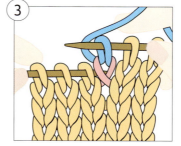

1. 目と目の間の渡り糸に矢印のように右針を入れます。
2. 左針を入れ、右針に糸をかけて矢印のように編みます。
3. 1目増して、1段下の目がねじれます。

ねじり増し目［裏目］は、②、③を裏目で編みます。

ⓦ 巻き増し目 [巻き目の作り目]

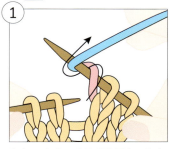

① 矢印のように（反時計回りに）右針に糸を2回巻きつけます。

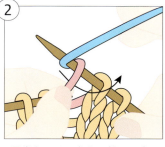

② 2回巻きつけたうちの根元の方の糸をつまんで、矢印のように右針をくぐらせます。

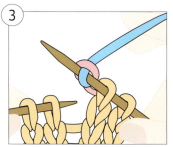

③ くぐらせた糸を引き締めます。1目増して、巻き増し目が編めました。※巻き目の作り目は段の終わりでします。

⋋ 右上2目一度 [表目]

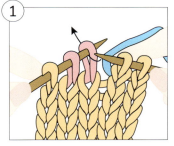

① 右針を手前から入れ、編まずに移します。

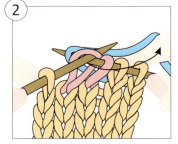

② 次の目を表目で編みます。

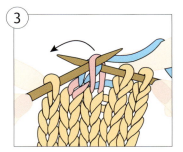

③ ②で編んだ目に、①で移した目をかぶせます。

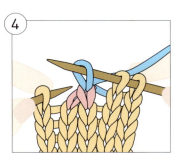

④ 右の目が左の目の上に重なり、1目減りました。

⋌ 左上2目一度 [表目]

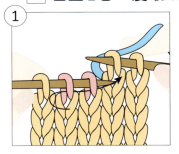

① 右針を矢印のように2目一度に入れます。

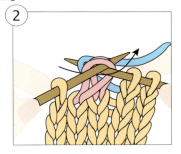

② 右針に糸をかけて2目一度に表目を編みます。

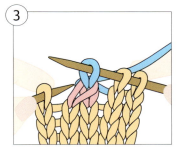

③ 左の目が右の目の上に重なり、1目減りました。

⋋ 右上2目一度 [裏目]

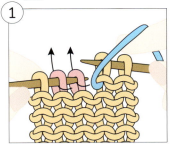

① 右針を手前から入れ、編まずに順に移します。

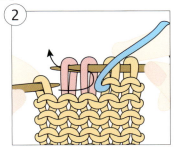

② 移した2目に左針を矢印のように2目一度に入れます。

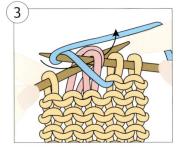

③ 右針を向こうから入れ、糸をかけて2目一度に裏目を編みます。

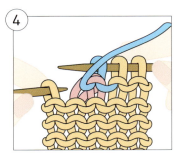

④ 右の目が左の目の上に重なり、1目減りました。

⌄ 左上2目一度［裏目］

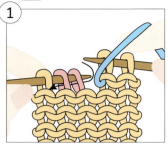
右針を矢印のように2目一度に入れます。

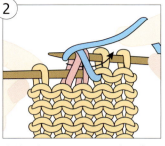
右針に糸をかけて2目一度に裏目を編みます。

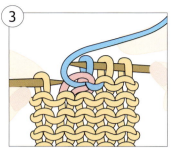
左の目が右の目の上に重なり、1目減りました。

● 伏せ目［表目］

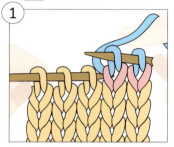
端から2目を表目で編みます。

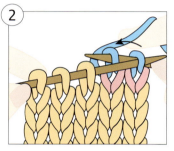
矢印のように1目めを2目めにかぶせます。

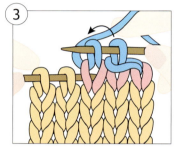
次の目を表目で編み、右隣の目をかぶせます。

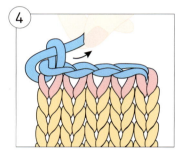
③を繰り返し、最後の目に糸端を通して目を引き締めます。

● 伏せ目［裏目］

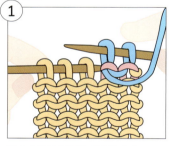
端から2目を裏目で編みます。

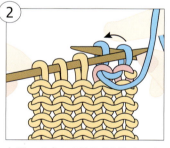
矢印のように1目めを2目めにかぶせます。

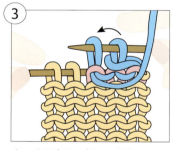
次の目を裏目で編み、右隣の目をかぶせます。

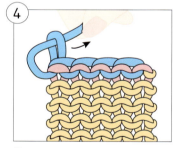
③を繰り返し、最後の目に糸端を通して目を引き締めます。

⋈ 右上1目交差

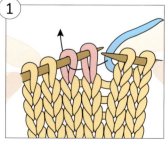
糸を向こうにおき、右針を向こうから1目とばして、次の目に矢印のように入れます。

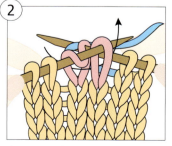
糸をかけて矢印のように引き出します。

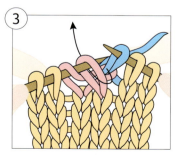
編んだ目はそのままで、①でとばした目に右針を入れ、糸をかけて表目を編みます。

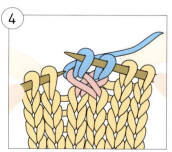
左針の2目をはずして、右側の目が上に交差し、右上1目交差が編めました。

⋉ 左上1目交差

①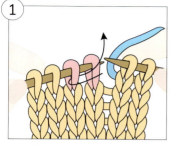
糸を向こうにおき、1目をとばして、次の目に矢印のように右針を入れます。

②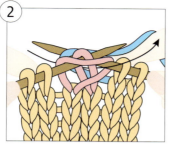
糸をかけて矢印のように引き出します。

③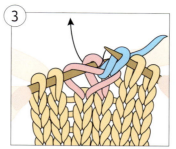
編んだ目はそのままで、①でとばした目に右針を入れ、糸をかけて表目を編みます。

④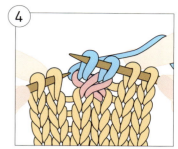
左針の2目をはずして、左側の目が上に交差し、左上1目交差が編めました。

⋊⋉ 右上2目交差

①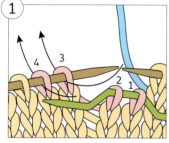
1と2の目になわ編み針を通して手前に休めます。3と4の目を表目で編みます。

②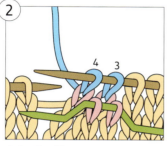
表目2目が編めたところ。

③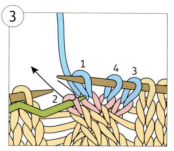
休めておいた1と2の目を表目で編みます。

④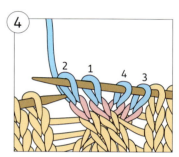
右上2目交差が編めました。

⋉⋊ 左上2目交差

①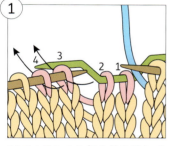
1と2の目になわ編み針を通して向こうに休めます。3と4の目を表目で編みます。

②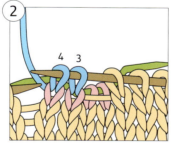
表目2目が編めたところ。

③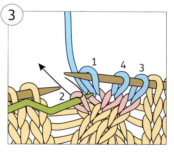
休めておいた1と2の目を表目で編みます。

④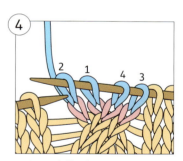
左上2目交差が編めました。

⋀ 右上3目一度

①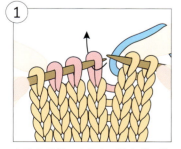
右針を手前から入れ、編まずに移します。

②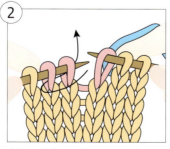
右針を矢印のように2目一度に入れ、表目を編みます（左上2目一度）。

③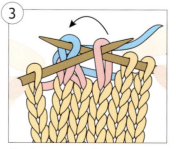
②で編んだ目に、①で移した目をかぶせます。

④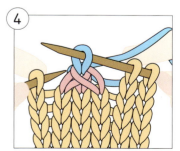
右の目が上になり、2目減りました。

⋌ 左上3目一度

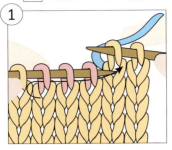
① 右針を3目の左側から、矢印のように一度に入れます。

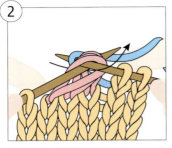
② 糸をかけて表目を編みます。

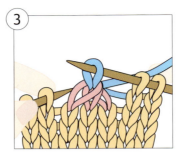
③ 左の目が上になり、2目減りました。

⋏ 中上3目一度

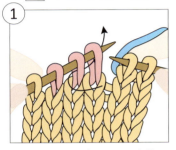
① 右針を矢印のように入れ、左針の2目を右針に移します。

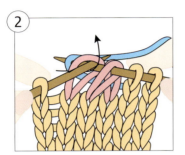
② 次の目を表目で編みます。

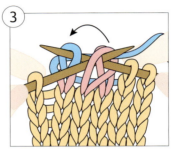
③ ②で編んだ表目に、①で移した2目を矢印のようにかぶせます。

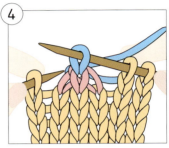
④ 中央の目が上になり、左右の目が1目ずつ減りました。

∩ 引き上げ編み
[2段の場合――編んだ目をあとでほどいて編む方法]

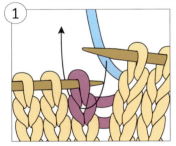
① 矢印のように、1段下の目に右針を入れて引き上げます。

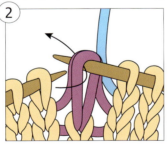
② ①で引き上げた目に、矢印のように左針を入れます。

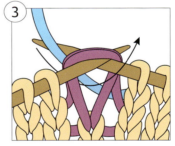
③ 右針に糸をかけて引き出し、2目一緒に表目を編みます。

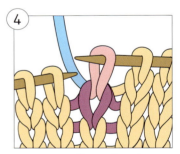
④ 2段の引き上げ編みが編めました。

糸を横に渡す編み込み

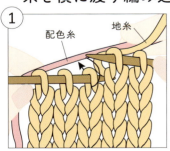
① 地糸を上に配色糸を下にして、配色糸で編みます。

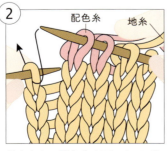
② 地糸を上に配色糸を下にして、地糸で編みます。

裏側で編まない糸が横に渡ります。地糸が上、配色糸が下といつも一定にします。

5目3段の玉編み

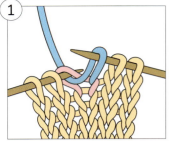

① 1目から5目編み出します。まず表目を編みます。

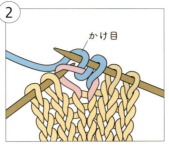

② 次にかけ目をします。

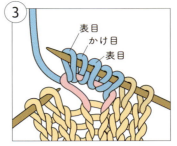

③ 表目とかけ目を繰り返して5目編み出します。

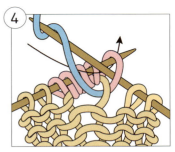

④ 持ち替えて裏から2段めを編みます。5目を裏目で編みます。

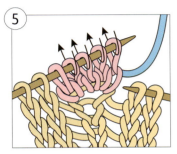

⑤ 持ち替えて3段めを編みます。4目に手前から右針を入れ、編まずに1目ずつ右針に移します。

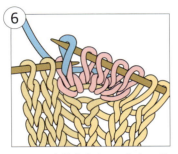

⑥ 5目めに右針を入れて、糸をかけて引き出し、表目を編みます。

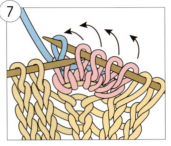

⑦ ⑥で編んだ目に、⑤で移した4目を左針で1目ずつかぶせていきます。

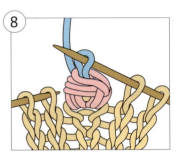

⑧ 5目3段の玉編みが編めました。

編み残しの引き返し編み［右側］

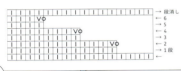

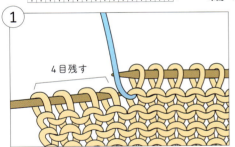

① 裏から編む段で、端の4目を編み残します。

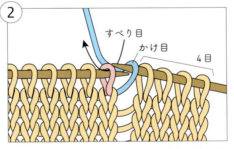

② 持ち替えてかけ目、すべり目をします。次の目から表目を編みます。

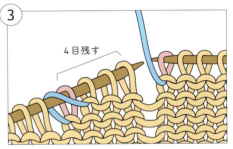

③ 2回めも同様に4目編み残します。左針にかかっている目は9目です（編み残した8目とかけ目1目）。

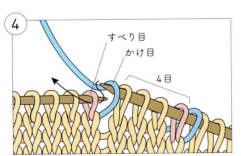

④ 持ち替えて②と同様にかけ目、すべり目をします。次の目から表目を編みます。③、④をあと1回繰り返します。

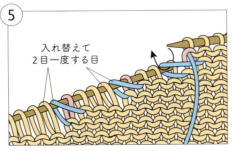

⑤ 持ち替えて裏から編む段で段消しをします。かけ目をしたところは、左隣の目と入れ替えて（p.132参照）、2目一度に裏目を編みます。

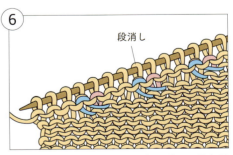

⑥ 裏から見たできあがりです。編み残しの引き返し編み［右側］が編めました。

編み残しの引き返し編み［左側］

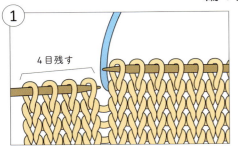

① 端の4目を編み残します。

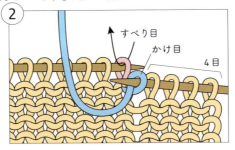

② 持ち替えてかけ目、すべり目をします。次の目から裏目を編みます。

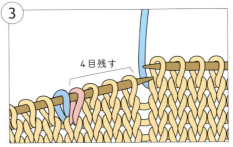

③ 2回めも同様に4目編み残します。左針にかかっている目は9目です（編み残した8目とかけ目1目）。

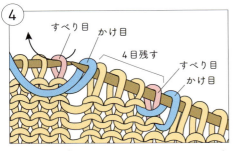

④ 持ち替えて②と同様にかけ目、すべり目をします。次の目から裏目を編みます。③、④をあと1回繰り返します。

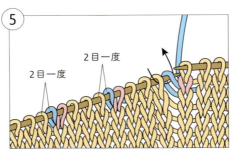

⑤ 持ち替えて段消しをします。かけ目をしたところは、矢印のように右針を入れ、次の目と2目一度に表目を編みます。

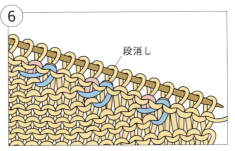

⑥ 裏から見たできあがりです。編み残しの引き返し編み［左側］が編めました。

目を入れ替えて2目一度で編む

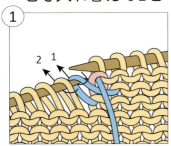

① 1、2の順に2目を右針に移します。

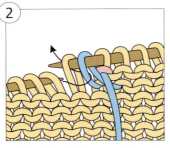

② 右針に移した2目に、左針を矢印のように入れて移します。

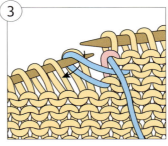

③ 2目に右針を向こうから入れます。

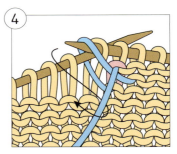

④ 糸をかけて裏目を編みます。

すくいとじ［メリヤス編み］

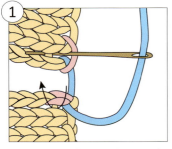

① 目と目の間の渡り糸に矢印のようにとじ針を入れます。

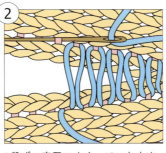

② 1段ずつ交互にすくっていきます。

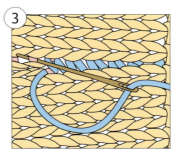

③ 1針ごとに引き締めます。

すくいとじ［裏メリヤス編み］

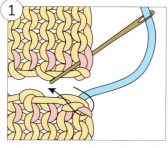

矢印のように1目内側の渡り糸を1段ずつ交互にすくっていきます。

すくいとじ ［ガーター編みを1段おきにすくう場合］

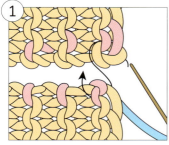

上は作り目の横糸と1段めの横糸をすくいます。

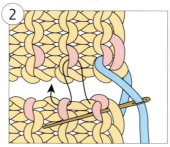

下は作り目の横糸2本をすくいます。

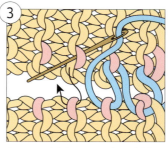

上は1目内側を、下は半目内側をすくいます。

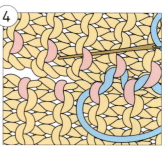

とじ糸を引き締めます。

引き抜きはぎ

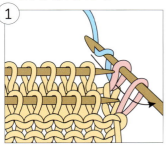

2枚の編み地を中表にして、端の目に手前からかぎ針を入れ、糸をかけて引き抜きます。

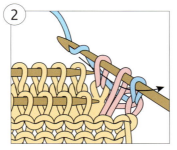

次の目に手前から入れ、引き抜いた目と次の2目を一度に引き抜きます。

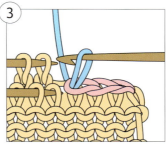

②を繰り返します。

目と段のはぎ

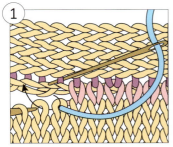

向こうからは段を1段すくい、手前からは2目にとじ針を入れます。

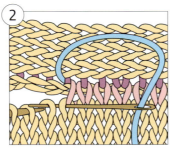

繰り返して目と段を交互にすくいます。

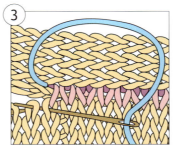

1目に対して1段または2段すくって調整します。はいだ糸は、1目ごとに引いて見えないようにします。

※編み地は段数の方が目数より多いため、その差を振り分けて調整します。

メリヤスはぎ
[伏せ止めした目を合わせる場合]

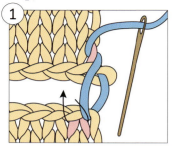

① 2枚の編み地を外表にして、まず端の目にとじ針を入れて引き出し、矢印のように手前のハの字にとじ針を入れます。

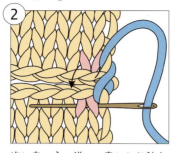

② 次に向こうの逆ハの字にとじ針を入れます。

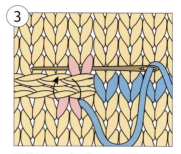

③ 手前はハの字、向こうは逆ハの字をすくうことを繰り返します。

かがりはぎ

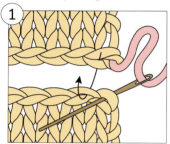

① 2枚の編み地を外表にして、端の目にとじ針を入れます。

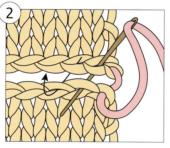

② 矢印のように、外側の半目ずつにとじ針を入れて糸を引き締めます。

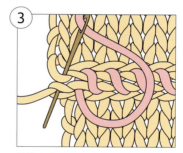

③ 最後も向こうから手前に針を入れて終わります。

かぎ針編みの基礎

○ 鎖編み

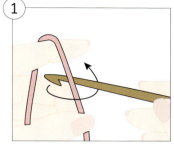

1. かぎ針を糸の向こうから矢印のように回転させます。

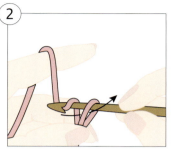

2. 交差している部分を押さえて、矢印のように糸をかけて引き抜きます。

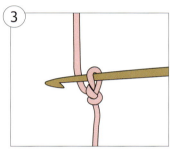

3. 引き締めます。鎖の作り目ができました。これは1目とかぞえません。

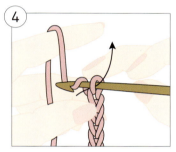

4. 矢印のように「糸をかけて引き抜く」を繰り返します。

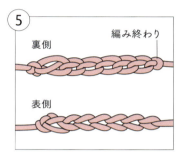

5. 鎖編みが編めました。鎖の表側と裏側です。

編みはじめの方法［鎖半目と裏山を拾う］

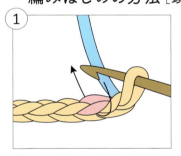

1. 鎖編みの作り目を必要な目数編み、鎖状になっている方を下に向け、鎖半目と裏山に針を入れます。

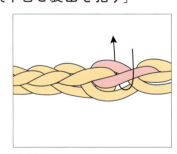

拡大図

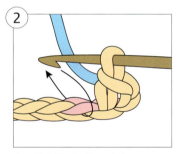

2. 次の目も同様に拾います。

× 細編み

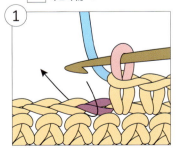

1. 前段の頭2本に針を入れます。

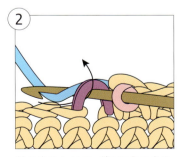

2. 針に糸をかけて、鎖1目分の糸を引き出します。

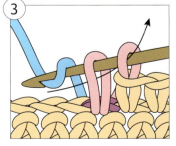

3. さらに糸をかけて、引き抜きます。

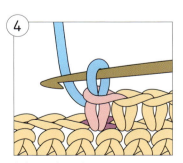

4. 細編みが編めました。

⊤ 長編み

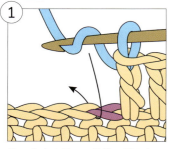

1 針に糸をかけて、前段の頭2本に針を入れます。

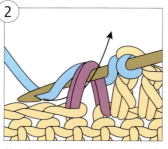

2 針に糸をかけて、矢印のように引き出します。

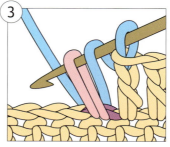

3 鎖2目分の糸を引き出します。

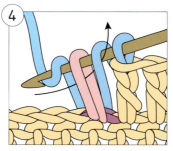

4 針に糸をかけて、2ループから引き出します。

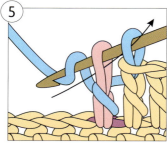

5 さらに糸をかけて、引き抜きます。

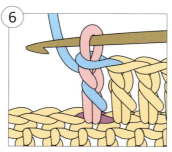

6 長編みが編めました。

長編み5目のパプコーン編み
表から編む段 ［編み入れる］

*目数が異なる場合も同じ要領で編みます

1 前段（ここでは作り目）の同じ目に、長編み5目を編み入れます。

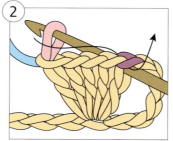

2 いったん針をはずして、1目めの長編みの頭2本の手前側から針を入れ、はずした目に針を入れ直し、矢印のように引き出します。

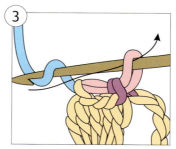

3 鎖1目を編んで、引き締めます。長編み5目のパプコーン編みが編めました。

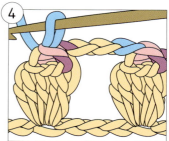

4 鎖（ここでは2目）を編み、①〜③を繰り返します。

裏から編む段 ［束に編む］

*目数が異なる場合も同じ要領で編みます

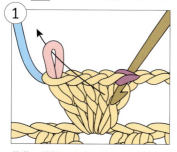

1 前段の鎖編みを束に拾って、長編み5目を編みます。いったん針をはずして、1目めの長編みの頭2本に向こうから針を入れ、はずした目に針を入れ直します。

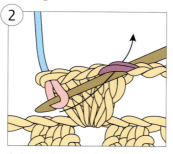

2 矢印のように引き出します。

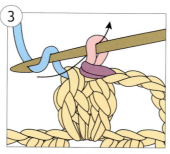

3 鎖1目を編んで、引き締めます。

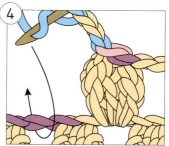

4 長編み5目のパプコーン編みが編めました。①〜③を繰り返します。

● 引き抜き編み

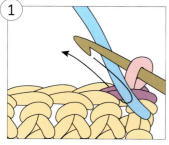

① 編み目にかぎ針を入れます。

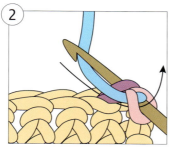

② 糸をかけて引き抜きます。

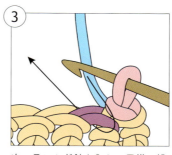

③ 次の目にかぎ針を入れて同様に繰り返します。

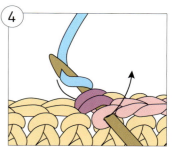

④ 編み地がつれないように引き抜きます。

鎖細編みとじ

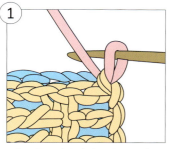

① 2枚の編み地を中表に合わせます。それぞれの端の目に針を入れて、針に糸をかけて引き出します。

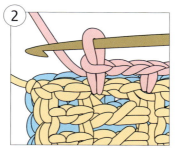

② 次の段までの高さの鎖（ここでは2目）を編み、段の頭の目を割って針を入れ、細編みを編みます。

刺繍の基礎

メリヤス刺繍［よこ刺し］

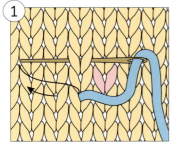

① V字の下からとじ針を出し、1段上のV字の目をすくいます。

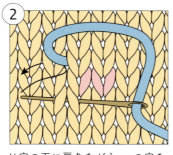

② V字の下に戻りながら、ハの字をすくいます。①、②を繰り返します。

メリヤス刺繍［たて刺し］

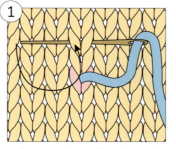

① V字の下からとじ針を出し、1段上のV字の目をすくいます。

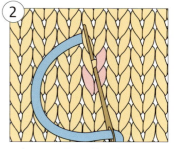

② V字の下に戻り、横に渡っている糸をすくいます。①、②を繰り返します。

index

mole *p.6 / 81*

koalas *p.24 / 91*

canary *p.10 / 82*

pinecone *p.28 / 94*

Marilyn *p.14 / 84*

butterfly *p.32 / 97*

Jackie *p.20 / 88*

yukinko *p.36 / 102*

Union Jack p.40 / 106

cappuccino p.56 / 114

rosy p.44 / 108

kusari p.60 / 115

kakigōri p.48 / 112

obake p.64 / 116

syrup p.52 / 113

Eden p.70 / 121

I PLAY KNIT.
2019年12月6日　初版発行

著者	三國万里子
撮影	長野陽一
	沖田悟（p.138、139）
編み方撮影	ほぼ日刊イトイ新聞
装丁	有山達也、山本祐衣（アリヤマデザインストア）
スタイリング	三國万里子
ヘアメイク	茅根裕己（Cirque）
モデル	岩崎癒音（étrenne）、Jessica（Gunn's）
編みぐるみ	Jean Stewart（まりこ人形）、Norma Currie（ハリネズミ夫人）
編み図制作	小林奈緒子
編み図校正	向井雅子
制作協力	松下幸子、福井秋那
文章校正	円水社
編集	渋谷侑美江、森志帆、山川路子
協力	青井奈都美、斉藤里香、永田泰大、山下哲
印刷・製本	凸版印刷株式会社
印刷進行	藤井崇宏、石津真保
PD	小川泰由
発行人	糸井重里
発行所	株式会社ほぼ日
	〒107-0061 東京都港区北青山 2-9-5
	スタジアムプレイス青山 9F
	ほぼ日刊イトイ新聞
	https://www.1101.com/

© Mariko Mikuni & Hobonichi 2019
Printed in Japan

法律で定められた権利者の許諾を得ることなく、本書の一部あるいは全部を無断で複写、複製、スキャン、デジタル化、上演、放送等することは、著作権法上の例外を除き、禁じられています。また、本書に掲載されている作品の全部または一部を商品化、及びコンクールなどの応募作品として出品することは禁じられています。万一、乱丁落丁のある場合は、お取り替えいたしますので、小社宛 store@1101.com までご連絡ください。なお、本に関するご意見ご感想は postman@1101.com までお寄せください。